自立って何だろう

社会と子どもたち

都筑　学 著

新日本出版社

目次

はじめに　7

第1章　子どもの自立の移り変わり　13

1　働く子ども　17
1－1　働く子ども　明治　18
1－2　働く子ども　大正から昭和にかけて　21
1－3　働く子ども　第二次世界大戦後　23
1－4　時代とともに変わってきた子どもの働き方　26
1－5　社会の中で働くことの意味　29

2　学校と子ども　32
2－1　江戸の学校　33
2－2　明治の学校　37
2－3　大正から昭和にかけての学校　39

2−4　第二次世界大戦後の学校　41
2−5　後期中等教育から高等教育へ　44
2−6　学校において学ぶことの意味　50
第1章のまとめ　54

第2章　現代社会における子どもの自立　57

1　社会の中での子ども　60

1−1　日本社会の移り変わり　人の手から機械へ　62
1−2　日本社会の移り変わり　産業構造の変化　64
1−3　消費社会の進行と子ども　68
1−4　競争社会と子ども　71
1−5　インターネット社会と子ども　75
1−6　監視社会と子ども　79

2　世界の中での子ども　83

2−1　世界の子ども、日本の子ども　85

2－2　日本の学校、世界の学校　88
2－3　日本の文化、世界の文化　92
2－4　グローバル社会と子ども　95
2－5　社会の中での子どもの居場所　99
2－6　地球人としての私　102
第2章のまとめ　106

第3章　自立した人間として生きる　109

1　他者と共に生きる　112

1－1　親からの自立　114
1－2　自己評価よりも他者評価　117
1－3　責任と応答　121
1－4　依存と自立　124
1－5　私と私たち　127

2　未来をめざして生きる　131
2−1　未来とは何か　133
2−2　誰かにあこがれる　137
2−3　自己を見つめる　140
2−4　未来にかける　143
2−5　主権者として生きる　146
第3章のまとめ　149

おわりに　151

はじめに

この本は、「自立とは何か」という問いに、答えようとするものである。私は、発達を専門とする心理学者である。といっても、本書はいわゆる専門書ではない。「自立って何だろう」というタイトルからも想像がつくだろう。自立について、できる限りやさしく語っていきたい。自立について、読者のみなさんと一緒に考えていきたい。それが、本書に込めた私の願いなのである。

自立は、日常的に用いられ、語られる言葉だ。「自立させたい」「自立したい」「自立しない」「自立する」「自立せよ」。こんなふうに、「自立」にはいろいろな活用形がある。人と人との関係の中で、自立のさまざまな様相が現れてくる。自立をめぐって、数々の人間ドラマが繰り広げられていくのである。

他方で、自立は、心理学研究における重要なテーマの一つである。発達や人格、対人関係などの多様な領域で、自立に関連する概念が出てくる。私も、発達心理学などの授業の中で、折に触れて自立にまつわるテーマを扱ってきた。自立の問題は、学生にとっては切実な自分事である。授業後には、多くの感想や意見が寄せられた。それらの声を参照しながら、自立についての考察をさらに深めてきた。本書は、このような心理学教育の中で練り上げられてきたものである。ご自身の体験と照らし合わせながら、本書をお読みいただければ幸いである。

＊＊＊

「這《は》えば立て、立てば歩めの親心」。わが子の成長を願わない親はいない。誰しもわが子の成長を心待ちにしている。親はほんの些細《ささい》なことでも、わが子の成長をわがことのように喜ぶものである。

私たち人間が大人になるには、長い時間を必要とする。ポルトマンは、人間を生理的早産の動物と呼んだ（ポルトマン、一九六一）。社会の中で、周囲の大人に育てられることで、私たちは人間になっていく。立って歩き、片言の言葉を話し、スプーンなどの道具を使う。このような人間的な特徴を獲得するには、一般的には生後一年間を要する。

この時期を過ぎた後も、子どもは大人の助けを借りることが多い。乳児から幼児では、大人の世話は欠かせない。大きくなるにしたがって、自分でできることが少しずつ増えていく。オシッコやウンチをオマルやトイレでするようになる。洋服を着たり、脱いだり、歯磨きをしたり、顔を洗ったり。そんな一つひとつを自分一人でやっていくようになる。字を覚えたり、文章を諳《そら》んじたりもするようになる。学校に上がれば、いろいろな知識や技能をさらに獲得していく。小学校から中学校、高校へと、上級学校になるほど、それらは高度なものになっていく。一八歳になって選挙権を獲得し、社会的にも大人として認められるようになるのだ。

私たち人間にとっての発達とは、大人の助けを借りていた状態から、一人でできる状態への変化である。発達のプロセスは、このような自立の積み重ねから成り立っていると考えることができる。

このように書くと、子どもはすんなりと大人になっていくと思う人もいるかもしれない。だが、それは間違いである。実際には、そのプロセスは込み入っていて、一直線には進まないものなのだ。進歩があれば、停滞もある。ときには、後退することもある。三歳頃の第一反抗期や一二～一三歳頃の第二反抗期。そうした時期の子どもの姿を思い浮かべれば、それが正しいことはすぐわかる。第一反抗期。自分一人でもできるはずなのに、やろうとしない。梃子《てこ》でも動かない。第二反抗期。素直だったわが子が思春期を迎えて、親に対して何かと反抗的な態度をとるようになる。そんなわが子を目の前にして、途方に暮れた経験をもつ方も少なくないだろう。それは、自立の過程で繰り広げられるリアルな子どもの姿を示している。

このように、自立とは、依存から独立へと向かって一直線に進むプロセスではない。矛盾や葛藤《かっとう》をかかえつつ、ジグザグに進んでいくものなのだ。その矛盾や葛藤は、子どもと大人との間の「対立」「衝突」として現れる。そうした「心の綾」をしっかりととらえることは、子どもの発達を見ていく上で重要な視点である。

ここで、自立をめぐる社会の動きに目を転じてみよう。今の時代、自立を求める言葉が世の中に溢《あふ》れている。「自立支援」、「自助努力」、「自己責任」などなど。いろいろな言葉がよく使われる。一人の人間として、経済的自立や生活的自立が求められる。自分のことを自分でできない人は、ともすれば問題視されたりする。ときには、排除の対象とされたりもする。

自立とは、自分で立つと書く。自立とは、自分を他者から切り離し、一人で歩いていくことなのだろうか。自分一人で何もかもやることが自立なのだろうか。自分のことを誰かにしてもらうことは、ダメなことなのだろうか。誰かに頼って生きることは、いけないことなのだろうか。こうした問いは、自立についての本質的な問いである。

果たして自立とはいったい何であるのか。子どもの側に立った自立論とは、いったいどのようなものなのだろうか。自立をどのようにとらえていけばよいのか。自立の意味をあらためて考え、問い直してみること。それが、本書の目的である。そのために、以下の三つの視点から、自立について検討していくことにしたい。

第一は、歴史という長いスパンの時間軸において、現代の子どもの自立をとらえることである。現代社会において流布している「自立」概念の問題点について、歴史的な視点から検討していく。明治から大正、昭和、平成、そして令和。歴史の中で、子どもという存在は社会の中で異なる地位を占めてきた。短い子ども時代を終えると、すぐに大人の社会へと入っていった時代。学校教育制度が広まっていき、子どもが学校という場で過ごすようになった時代。その学校教育がプラスの影響だけでなく、マイナスの影響を子どもに与えるようになった時代。大まかにいえば、こんなふうに時代は変化してきた。こうした歴史の流れの中で、子どもを相対化してとらえてみたい。それを通じて、自立の問題を考えてみたいと思う。

第二は、地域・社会・世界という空間軸において、現代の子どもの自立をとらえることである。現代はグローバル社会、地球時代と呼ばれている。そうした現代社会における自立の新しい姿について検討していく。現在、この地球には二〇〇カ国近くの国があり、約八〇億人の人々が暮らしている。先進国と呼ばれる国もあれば、発展途上国と呼ばれる国もある。学校教育を享受している子どももいれば、ストリート・チルドレンとして暮らしていたり児童労働に従事したりする子どもも存在している。子どもは地域や社会によって、異なる姿を見せている。日本の子どもは、その中でいったいどのような位置にあるのか。それをとらえることは重要である。世界の中で日本の子どもをとらえる。そのような相対化した視点を大事にして、自立について考えてみたいと思う。

第三は、他者との人間関係において、人間として成長していく子どもの自立をとらえることである。私たちが生きていくうえで、自分以外の人々とのかかわりは大変重要な意味を持つ。そうした、他者との共同・協同を通じて進んでいく自立のプロセスを検討していく。この世の中に誕生して以降、子どもは多様な人間関係を経験していく。家庭における家族との関係、保育園・幼稚園や学校における保育士・教師や友だちなどとの関係。地域における大人や子ども、若者との関係。さまざまな人々とのふれあいを通じて、子どもは自分の世界を広げていく。あるときには他者に頼ったり、あるときには他者と距離を置いて自分を主張したりする。他者との関係の発達的な意味について、依存と自立を二律背反的にとらえない視点を大事にしながら、考えてみたいと思う。

アドルフ・ポルトマン（高木正孝訳）、一九六一年『人間はどこまで動物か』岩波書店

第1章　子どもの自立の移り変わり

「最近の子どもときたら……」「いまどきの若い人は……」。このような言葉を耳にすることが多い。今の世の中には、子どもや若者を批判する雰囲気が強いように見受けられる。「自分が子どもだった頃は……」「俺が若かった頃は……」。そんな言い方もしばしば耳にする。これまた、子どもや若者への非難のまなざしの一つだ。

こんなふうに挙げてみると、きりがない。大人は「上から目線」で、子どもや若者を見ているようだ。今の社会は、子どもや若者にとっては、かなり分の悪い世界のように思われる。でも、ちょっとここで立ち止まって考えてみよう。もしかすると、大人たちは自分のことを棚に上げて言っているだけかもしれない。過去というものは、とかく美化されて思い出される傾向があるからだ。

他方で、私たちは経験的に物事を判断して考えやすい傾向もある。自分の経験を過度に一般化して考えやすいのだ。とかく自分の周りにいる子どもや若者の言動が目につく。それをもとに、今の子どもや若者全般を批判的に見ているのかもしれないのである。

子どもや若者と一口にいうが、通常、何歳くらいの人をそう呼んでいるかという問題もあるだろう。心理学の分野に、素朴心理学というものがある。科学や学問としての認識ではなく、ごく一般的な人々がどんなふうに物事を考えているかを検討する分野だ。発達心理学では、子どもや青年を研究する際に、年齢の範囲や定義を明確にして研究を始める。「一二歳までは児童期で、一三歳からは青年期」。たとえば、このような形で定義するのである。では、一般の人々の場合はどうだろうか。「子ども」とか「若い人」という言葉で、いったい誰を指しているのだろうか。人々の間で、同じものがイメージされているのだろうか。「子ども」という言葉や「若い人」という言葉が、同じ意味を持つものとして使われているのだろうか。

そもそも、「子ども」はいつの時代でも同じ「子ども」であるのか。「若い人」の場合は、どうなのか。それを問い直してみることが重要なのである。

私たちは自分の知っている範囲で、ものを考える傾向がある。素朴心理学による理論（発達についての素朴な考え方）は、ときに本質を見誤ることになる。気をつけないといけない点である。たとえば、「一五歳」という言葉は、いつの時代も同じ普遍的な意味を持っているのか。いつの世の中でも、「一五歳」は同じような存在だったのか。今の日本社会では、一五歳は中学三年生。それでは、明治時代の一五歳はどうだったのか。その頃の一五歳の子どもは、学校に行って、勉強していたのだろうか。そういう点についての吟味が必要なのである。本章では、こんなところから、子どもの自立について考え始めてみたい。

1　働く子ども

日本国憲法は、第3章「国民の権利及び義務」において、勤労や児童労働について次のように定めている。

第二七条【勤労の権利及び義務、勤労条件の基準、児童酷使の禁止】すべて国民は、勤労の権利を有し、義務を負ふ。
2　賃金、就業時間、休息その他の勤労条件に関する基準は、法律でこれを定める。
3　児童は、これを酷使してはならない。

歴史的に見れば、長い間、年少の子どもたちも労働に従事してきた。短い子ども時代を過ごした後、子どもたちは大人と同じように働いていたのである。それに対する歴史的な反省を踏まえて、日本国憲法第二七条第三項では、児童の酷使を禁止している。労働基準法では、一五歳未満の児童を労働者として雇うことは原則として禁止されている。このように、歴史の流れの中で、子どもの位置づけは変化してきた。「働く子ども」という存在から「学ぶ子ども」へと変わってきたのである。

1−1　働く子ども　明治

わが国に学制が敷かれたのは、一八七二（明治五）年のことである。それによって、全国民が小学校に就学すべきであるとされた。その翌年には、満二〇歳男子に対して三年の兵役を課す徴兵令が施行されている。

学制が発布されても、実際には、小学校就学率はすぐには上がらなかった。図1に示したのは、明治から昭和にかけての就学率の推移である。小学校就学率は徐々にしか増えなかったことがわかるだろう。

図1　明治から昭和にかけての就学率の推移

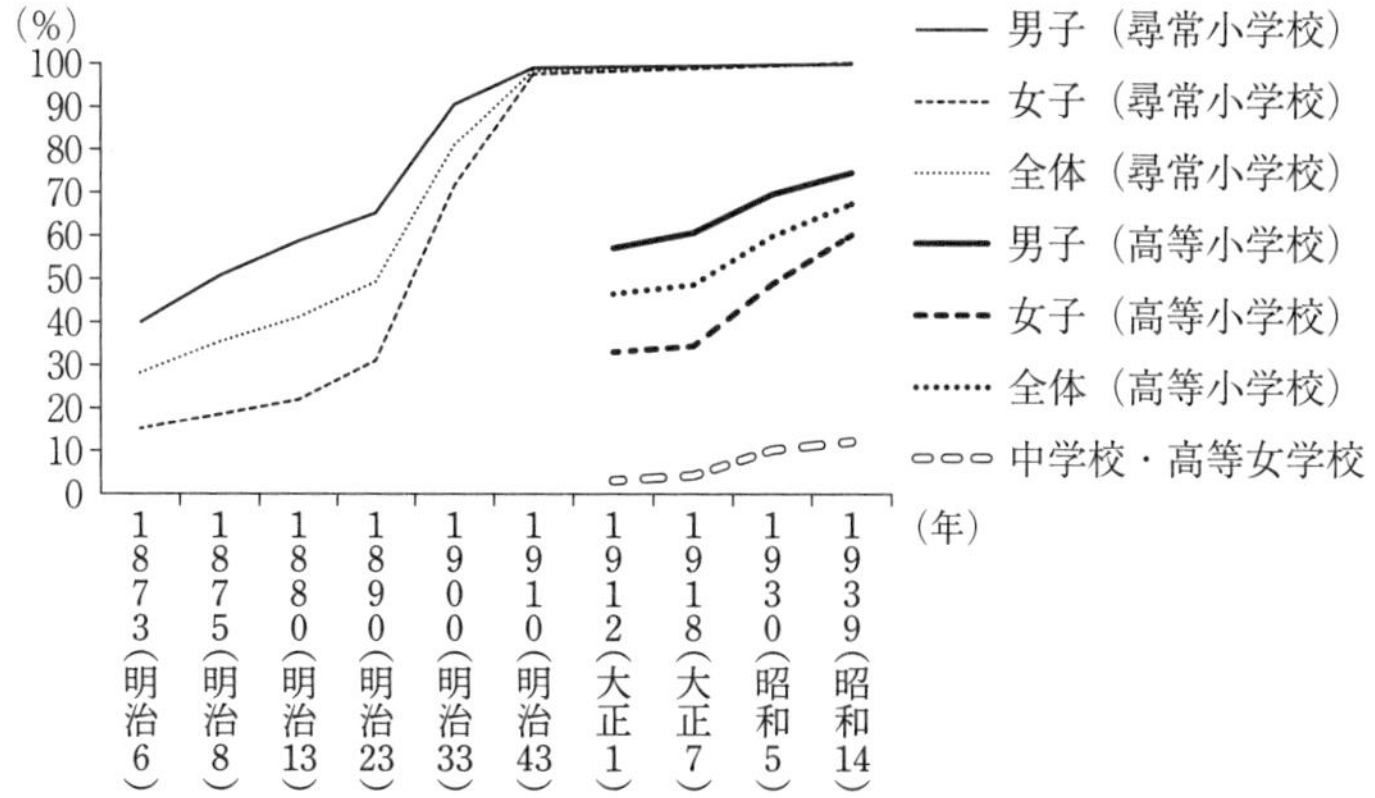

出所）持田栄一・仲新（1979）『学校の歴史　第1巻　学校史要説』第一法規出版、海後宗臣監修・日本近代教育史事典編集委員会編（1971）『日本近代教育史事典』（平凡社）より作成

一八八六（明治一九）年に、小学校令が出された。法制上、就学の義務が定められ、尋常小学校三年課程、高等小学校四年課程が設置された。こうして法律が定められて、すぐに子どもが学校に行ったかといえば、そうではなかった。その頃の就学率は、男子は約六割、女子は約三割だったのである。

それには、理由があった。その当時の子どもは、大人と同じように働くことが期待されていたからである。その頃の日本は、農業や漁業、林業などの第一次産業中心の産業構造だった。それに加えて、そうした第一次産業はまだ機械化されていなかった。農業も漁業も林業も、生計を立てるには、何よりも人手が必要だったのだ。田植えや稲刈りの農作業は、一家（あるいは近所の家族）総出の仕事だったのである。

他方で、子どもを学校に通わせれば、なにがしかの学校運営費用を支払わなければならない。貧しい家庭にとっては、それはかなりの負担であった。学校は、わが家の働き手を奪うだけでなく、家庭の金銭的負担を増すという存在だったのだ。そのために学校を焼き討ちするような事件も、各地で実際に起きていたのである。

他方で、その当時の世界の状況に目を転じれば、それとは別の動きがあった。二〇世紀を目の前にして、スウェーデンの社会思想家エレン・ケイは、「二〇世紀は児童の世紀」というメッセージを発した。だが、わが国は、まだまだ遅れていた。貧しさが、日本中に広がっていたのだ。テレビドラマで高視聴率を得て、その後、海外でも評判になった「おしん」（一九八三〜八四年放映、橋田壽賀子原作）。彼女が、小作農の六人兄弟の三女として生まれたのは、一九〇一（明治三四）年である。おしんは、七歳の春、米一俵と引き換えに材木問屋へ子守奉公に出されてしまった。小学校に行けると楽しみにしていた直前のことである。

就学率が上昇していたとはいえ、当時は、このような子どもたちは、珍しくなかったことだろう。図1の就学率を見れば、そのあたりの事情がわかる。子どもは、もっぱら働き手だったのだ。

1-2　働く子ども　大正から昭和にかけて

時代はやや下る。「赤とんぼ」という歌を知っているだろうか。大正から昭和にかけて作詞作曲された唱歌である。作詞（一九二一〈大正一〇〉年）は三木露風《ろふう》、作曲（一九二七〈昭和二〉年）は山田耕筰《こうさく》。歌詞の一番は、「夕やけ小やけの赤とんぼ　負われて見たのはいつの日か」。二番は、「山の畑の桑の実を小篭《こかご》に摘んだはまぼろしか」。そして、三番は、「十五で姐《ねえ》やは嫁に行き　お里のたよりも絶えはてた」である。一九二〇年の平均初婚年齢は、男性が二五・〇二歳、女性が二一・一六歳だった。六年制の尋常小学校への就学率が、ようやく一〇〇パーセントに達した頃のことである。尋常小学校を卒業するのは一二歳。当時は、歌詞に描かれたように、一五歳で嫁いでいく女の子が実際に存在していたのだ。

一九三〇（昭和五）年に、東京府学務部社会課がおこなった「労働児童調査」がある

（中川、一九九五）。これは、東京市及び近隣五郡の尋常夜学校、実業補習学校、中等夜学校の児童生徒を対象にしたものである。九歳から一八歳までの一八三四人が回答している。それによると、多い職業は次に示すようである。

一位　子守　一七〇人（九・二六パーセント）
二位　芸妓《げいぎ》見習　一四九人（八・一二パーセント）
三位　女中　七二人（三・九三パーセント）
四位　硝子《ガラス》工場職工　六〇人（三・二七パーセント）
五位　菓子屋小僧　五七人（三・一一パーセント）

以下、二五五種類の職業がずらっと並んでいる。この資料からは、その当時の小売店や工場が、いかに小規模だったかが推測できる。そこでは、多くの人手が必要とされていたのだろう。そうした社会状況の下で、子どもたちは働き手として期待され続けていたのである。

中川清、一九九五年『労働者生活調査資料集成6』青史社

1－3　働く子ども　第二次世界大戦後

一五歳までのすべての子どもが学校に行けるようになったのは、第二次世界大戦後である。新制中学校ができたのは、一九四七（昭和二二）年。小学校六年と中学校三年、合わせて九年間が義務教育となった。敗戦後すぐのことであり、校舎も十分になかった。戦争中に空襲で破壊された学校も少なくなかったのである。そこで、一つの教室を午前組と午後組の二つに分けて使用して勉強したりした。満足な授業も十分できなかったのである。余った時間を野球に興じる子どもたちも少なくなかったのだろう。「六三制野球ばかりが　うまくなり」。こんな戯《ざ》れ歌が広まったのも、その当時である。校舎も教科書も、何もかもが揃っていなかった。それでも、子どもたちにとって、学校に通うことができるのは嬉しいことだったにちがいない。

図2に示したのは、昭和二〇年代から二〇一〇年代に至るまでの進学率と就職率である。新制中学校の生徒が最初に卒業したのは、一九五〇（昭和二五）年の春だった。そ

図2　第二次世界大戦後における進学率・就職率の推移

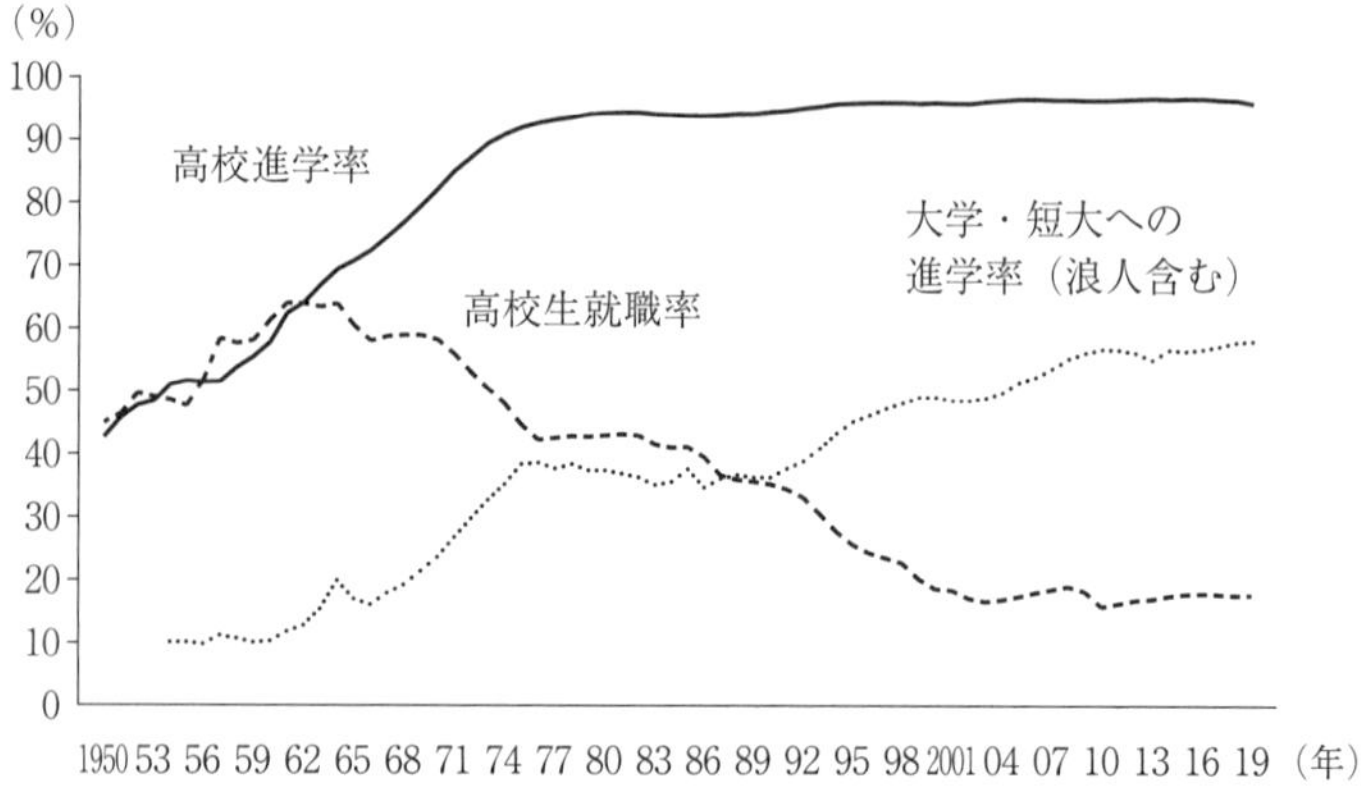

出所）文部科学省「学校基本調査」各年度版より作成

のときの高校進学率は四二・五パーセントにしか過ぎない。約半数の子どもが一五歳で社会に出て行き、働いていたのである。進学した者のうちでも、定時制の高校で学ぶ者も少なくなかった。同世代のうちのかなりの子どもが、中学卒業後に社会に出て働いていたのだった。

一九五五（昭和三〇）年から一九七三（昭和四八）年は、後に「高度経済成長期」と呼ばれるようになった時代である。その出発点となるのが、「もはや戦後ではない」というフレーズだった。これは、経済企画庁が経済白書『日本経済の成長と近代化』の結びで用いたものだ。その経済白書が出されたのは、一九五六（昭和三一）年のことである。一九六〇（昭和三五）年には、池田勇人内閣が「所得倍増計画」を策定し、国民所得の倍増を目指す計画を打ち出した。多くの産業が労働者を必要とし、地方の若者が東京や東海、京阪神の工場や職場へと集団就職していった。特別の専用列車を仕立てて、地方から都市へと中卒の若者が出て行ったのである。これが集団就職と呼ばれるものだ。そのピークは、一九六四（昭和三九）年だった。その年には、東京オリンピックが開かれ、日本国中が沸き立っていた（第二回となるパラリンピックも開かれた）。

こうした右肩上がりの経済成長を背景に、高校進学率はうなぎ登りに上昇していった。図2に示されているように、一九七〇年代には九〇パーセントを超えた。こうして一〇代半ばの子どもたちが、ようやく労働の世界から解き放たれることになったのである。こうして、小学校・中学校・高校の一二年間、普通教育が保障されるようになった。このことは、子どもたちの自立にとって大きな意味をもつ。学校で学んださまざまな知識や文化は、子どもたちの視野を広げ、自立への歩みを支えていくのである。

1－4　時代とともに変わってきた子どもの働き方

明治から大正、昭和、平成、令和と、時代は移り変わってきた。このわずか百数十年の間に、わが国の産業構造は大きく変化してきた。最初は、農林水産業などの第一次産業が主流だった。とりわけ稲作を中心とした農業が主要な産業だった。第二次世界大戦後に、農地解放がなされる前は、大地主と小作という関係性が存在していた。米を育てるには、多くの人力を必要とした。一家総出、地域総出の田植えや稲刈りが普通だった。そうした中で、子どもも働き手として、必要不可欠だったのである。

戦後もしばらく、事情はほぼ変わらなかった。農業機械化促進法が制定されたのは一九五三（昭和二八）年のことである。だが、機械化農業がスタンダードになるのは、もっと後になってからだ。一九六〇年代の中頃、私は長野市内の中学校に通っていた。その中学校には、年に二回の農繁休暇があった。田植えと稲刈りの時期に一週間程度の休みがあったのだ。それは昔のなごりだった。私の父は会社員で、わが家では農繁休暇でも農作業の仕事はなかった。学校が休みになるのが嬉しかったことを覚えている。

　第二次産業は、明治期には紡績などが代表的だった。高度経済成長期には、重厚長大産業と呼ばれた鉄鋼・機械・造船・自動車などの産業が大いに栄えた。その下請け、孫請けの役割を果たす町工場も活気づいていた。そこでは、集団就職で地方からやってきた多くの若者も働いていた。一九六二（昭和三七）年に公開された吉永小百合主演の映画「キューポラのある街」（早船ちよ原作、浦山桐郎監督）は、埼玉県川口市を舞台に、鋳物《いもの》工場で働く若者たちの群像を描いたものである。

　一九七三年の「オイルショック」とその後の低成長期。その後の一九八〇年代後半の「バブル経済」。一九九〇年代の「失われた一〇年」。二〇〇八年のリーマンショック。目まぐるしく乱高下する経済状況の中で、日本の産業構造は大きく変化していった。

　第一次産業の中心の農業は、一九六〇年代には既に、「三ちゃん農業」が増加していった。農家の働き手の男性が出稼ぎや他の職業に就き、〈じいちゃん・ばあちゃん・かあちゃん〉が農業を営む形態である。農産物輸入の自由化もあって農業に就く人は減る一方となった。その一方で第二次産業は大きな発展をとげたが、一九九〇年頃からその主要な生産拠点は急速に海外に移り、産業の空洞化と呼ばれる状況が生み出されていった。そうした状況の変化の中で、一九九〇～二〇〇〇年代のＩＴ技術の発展と普及もあって通信・サービスなどの分野が劇的に拡大し、それらを含む第三次産業が主流になってきた。モノを作り出す産業から、モノや情報をやりとりする産業へ。このように、わが国の主要産業の構造転換がなされてきたのである。

こうした主要な産業構造の変遷とともに、働き方もずいぶんと変わってきた。家にある畳を例にとって考えてみよう。私が子どもの頃には、畳替えといえば、畳職人がやってきて手仕事で一針一針畳の縁を縫っていたものだ。それがいつの頃か、機械で畳を縫うようになっていった。それもいつの頃か、とんと見かけなくなった。ポストに入れられた「畳替え引き受けます」というチラシに取って代わった。畳はどこかに運ばれていき、そこで畳替えの作業がおこなわれるのだ。こんなふうに畳替えの光景は、街角から消えてしまった。今では、日本間がなく、畳そのものがないという洋風の家も珍しくはない。

歴史の中で、一〇代の子どもが労働から解放され、学校に通い、また自由な時間を過ごせるようになった。その一方で、子どもの目から、働く大人の姿が見えなくなってきた。物づくりを営む職人が少なくなった。最初から最後まで自分一人で物をつくりだすような働き方は、希《まれ》である。

かつてチャップリンは、映画「モダン・タイムス」（一九三六年公開）の中で、大工業の発展に伴い「機械に働かされる」人間に警鐘を鳴らした。それが現実のものとなり、人間があたかも機械に使われているかのような労働が広まっていったのだ。オートメーションだけではない。電子メールやインターネットの網の目もそうだ。それに絡め取られて、日々追いまくられた仕事に従事している大人も少なくない。

1－5　社会の中で働くことの意味

私たちが生きていく上で、睡眠と食事は欠かせない。健康に暮らしていくための基本的活動である。それ以外にも、重要な活動がある。私たちは年齢に応じて、その年齢に特有の活動をおこなっていく。学校に入る前の幼い子どもであれば、遊びが大切な活動となる。学校に通うようになれば、学習が生活の中で大きな位置を占める。それは、小学校・中学校・高校・大学と続いていく。そうした学校階梯《かいてい》のどこかの段階で、子どもは学校から社会への移行を経験する。それは、学び手から働き手への変化である。

現代社会では、働き方も多様になっている。正社員、派遣社員、パートタイマー、アルバイト。一つの部署に、正規雇用と非正規雇用の労働者がいることも珍しくない。彼らに共通するのは、働くことによって、なにがしかの金銭的収入を得ることだ。労働の対価としての金銭は、私たちが生きていく上で不可欠である。今の世の中では、何を買うにも、お金が必要だからだ。NHKが、一八〜三四歳の二〇〇〇人を対象にした調査がある（プロジェクト2030若者アンケート）。その結果によれば、「今の仕事に満足している」が五六・六パーセント、「満足していない」が四三・四パーセントだった。満足していない理由のトップは、「収入が低いから」（四五・二パーセント）だった。以下、「やりがいを感じられないから」（二六・一パーセント）、「人間関係」（九・〇パーセント）、「希望していなかった仕事だから」（七・九パーセント）、「忙しすぎるから」（七・九パーセント）だった。だからといって、働くことの唯一の目的が収入というわけではない。やりがいや自分の希望、ゆったりとした働き方を求める声も少なくない。

現代社会では、ワーク・ライフ・バランスという、仕事と生活の両方に目配りした働き方が重視されている。仕事だけでなく、生活も充実させる。そうしたバランスの取れた生き方が求められている。ILO（国際労働機関）が提唱しているディーセント・ワーク。それは、人間らしい働き方の追求であるがそれを求める声はわが国でも強い。それだけ現状に問題があるともいえるだろう。

小関智弘（二〇〇二）は、旋盤工として働き始めたときに、先輩からこんなふうに言われたと語っている。「働くってことが楽なはずはないんだ。働くというのは、傍《はた》を楽《らく》させるということなんだよ」。確かに旋盤工の仕事は、きつくて大変なものだろう。きつくて投げ出したくなることもあるだろう。だが、そのきつくて大変な仕事を人間関係の中に位置づけてとらえてみると、違う側面が見えてくる。働くことは、決して個人の問題だけではないのだ。自分が働くことによって、大切な誰かを楽にすることができる。それは、働く喜びの一つだといえる。人と人とのつながりの中で、働くことの意味をとらえることが大事なのである。

ＮＨＫ首都圏ネットワークによるプロジェクト２０３０若者アンケート。http://www.nhk.or.jp/shutoken/2030/series1/result/ から調査結果に関するファイルを二〇一五年七月一六日にダウンロード（その後このＵＲＬにはアクセスできなくなっている）

小関智弘、二〇〇二年『働くことは生きること』講談社

2　学校と子ども

日本国憲法は、教育に関して、次のように定めている。

第二六条　すべて国民は、法律の定めるところにより、その能力に応じて、ひとしく教育を受ける権利を有する。

2　すべて国民は、法律の定めるところにより、その保護する子女に普通教育を受けさせる義務を負ふ。義務教育は、これを無償とする。

いまの日本において、小学校と中学校は義務教育である。高校進学率も一〇〇パーセント近くになり、準義務教育といわれている。大学進学率も五〇パーセントを超え、ユニバーサル化の段階を迎えている。学校が身近な存在となった現在。ここに至るまでには、多く時間を要したのである。ここでは、学校と子どもとの関係について、江戸時代以降の歴史を振り返りつつ考えてみたい。

2-1　江戸の学校

前節で紹介したように、わが国の学校教育制度は明治時代になってから成立した。それは一八七二（明治五）年のことである。その年に、学制が敷かれ、全国民が小学校に通うべきだとされた。そのような教育政策が、最初の頃はあまり実効性を持たなかったことについては、すでに述べたとおりである。

明治期の学校については、後でまた触れることにする。ここでは、明治時代から少し遡《さかのぼ》って、江戸時代の学校について少し考えてみよう。時代劇を見ていると、浪人している侍が、近所の子どもたちに読み書きを教えるシーンが出てきたりする。それが寺子《てらこ》屋《や》である。元々は、寺院の僧侶が、農民や町人の子どもに文字や算盤《そろばん》などを教えていたのが寺子屋である。江戸時代の中期から後期にかけて、全国的に広がり、その数が増えていったという。

寺子屋は、読み書きを教えるという点で、学校の機能を持っていた。農民や町人という身分にあわせて、教える内容が違っていた。農民の子どもには農作物の育て方や読み書きを教え、町人には「読み書き算盤」を教えていたようだ。寺子屋での学びは、教え方という点において、今の学校とは少々異なっていた。日本の学校では、一つの教室にいる子どもたちが、同じことを一斉に教わる点が特徴的である。いわゆる一斉授業である。最近では、「アクティブ・ラーニング」が大流行で、グループでの学習がおこなわれたりもする。寺子屋での学びは、一斉授業ともちがうし、グループ学習ともちがう。寺子屋にやってきた子どもたちは、自分のペースに合わせて、それぞれが学習するのだ。それが寺子屋での学びの特徴である。先生は教授するというよりも、学習を支援する方に力点を置いていたのである。寺子屋に入る年齢もまちまちだった。寺子屋を卒業するのは、だいたい一二歳頃が多かったようだ。その後は、丁稚《でっち》奉公や仕事見習いとして、働きに出たのである。

「読書百遍《ひゃっぺん》、意自ずから通ず」といわれる。江戸時代の学習の基本は何度も音読し、それを覚えていくことにあった。「門前の小僧、習わぬ経《きょう》を読む」ともいわれる。繰り返して読んだり聞いたりしながら、身につけることは少なくない。

丁稚奉公に行って、商家の仕事ぶりを自分の目で見て、身体で覚えていく。今の小学生ぐらいの子どもが、見ず知らずの商売屋で修行をしたのである。今ならさしずめOJT（On the Job Training）とでもいえるだろう。初心者が熟達者（ベテラン）に交じって活動しながら、少しずつ仕事を覚えていく正統的周辺参加（Legitimate Peripheral Participation）の学習過程ともいえるだろう。そうした仕事を通じた学びの光景も、広く見られたのである。

江戸時代の寺子屋が庶民の「学校」だったとしたら、藩校は武士の「学校」であった。江戸時代、北海道から九州まで、全国各地に藩があった。加賀百万石の前田藩、「三本の矢」の故事で有名な毛利藩、天下の副将軍水戸光圀《みつくに》の水戸藩など、多数の藩があった。なかには、領地替えで縁もゆかりもない土地に移っていった大名もいた。「お家取りつぶし」の憂き目にあった大名もいた。いずれの藩も、自分たちの「お家」の命運を賭けて、藩校での教育に力を入れた。藩校は、全国に約二七〇校もあったという。上杉鷹山《ようざん》が再興した米澤藩の興譲館、佐久間象山《しょうざん》が教官をつとめた松代藩の文武学校、徳川綱吉が創建した昌平坂《しょうへいざか》学問所（湯島聖堂）など、枚挙に暇《いとま》がない。

江戸時代、武士は支配階級であった。彼らが統治能力を発揮することが、藩の繁栄の基礎となったのである。藩が教育に力を入れた逸話として有名なのは、長岡藩の話である。山本有三の戯曲『米百俵』が、その様子をつぶさに描いている。長岡藩は、幕末の北越戦争（戊辰《ぼしん》戦争の一つ）で明治新政府軍に敗れた。その窮状を救うために、三根山《みねやま》藩から米一〇〇俵が贈られることになった。藩の大参事・小林虎三郎は、米を藩士に分け与えず、国漢学校の設立費用に充てるために売却した。そのときに、小林が言ったとされる言葉がある。「百俵の米も、食えばたちまちなくなるが、教育にあてれば明日の一万、一〇〇万俵となる」。まさに、教育は「百年の計」なのである。国漢学校は、現在の長岡市立阪之上小学校、新潟県立長岡高等学校の前身である。他の藩校においても同様に、明治維新以降に、藩校を基礎として地域の教育が展開されていったのである。

江戸時代は、識字率が高かったといわれている。江戸時代には、日本独自の学問もいくつかの分野で発展した。関孝和の和算や伊能忠敬の日本地図、平賀源内のエレキテルなど。こうした学問が実っていったのも、日本全国津々浦々に寺子屋や藩校があったからだろう。

その反面、女子に対しての教育は男子に比べて遅れていた。「女、子どもに学問は要らぬ」といった、明確な男女差別が広範囲に見られた。「三行半《みくだりはん》」といわれたたった三行半の手紙で、簡単に離縁ができた時代でもあった。このような男尊女卑の考えは、明

表1　明治時代の学校制度の移り変わり

1872（明治5）年	学制発布
1886（明治19）年	小学校令　法制上、就学の義務が定められた。尋常小学校3年、高等小学校4年が設置された
1900（明治33）年	尋常小学校（4年）、高等小学校（2年または4年）
1907（明治40）年	尋常小学校（6年）、高等小学校（2年）

治期以降の学校進学率にも、その影響を及ぼしていくことになる。

2-2　明治の学校

明治初期からの学校制度の移り変わりをまとめたのが、表1である。

一八八六（明治一九）年に、三年間の課程であった尋常小学校は、二〇年ほどの時間をかけて、一九〇七（明治四〇）年に六年の課程となった。その当時、尋常小学校の就学率は約九〇パーセントだった。明治末期になって、ようやく初等教育の制度が整ったといえる。子どもは、学校で学ぶことができるようになったのだ。他方で、就学率と卒業率には乖離《かいり》があった。就学しても、中途退学を余儀なくさせられる子どももいたのである。

六年間の初等教育の尋常小学校を修了した後の進路は、きわめて多様だった。中学校から高等学校・大学予科を経て大学へ進学するルート。中学校から実業学校または高等師範学校へ進学するルート。高等小学校から師範学校へ進学するルート。実業学校に進学するルート。このように、明治時代には、学校教育制度は複線型だったのである。多数派は、尋常小学校卒業後に働き始めていた。複線型学校体系のもとでは、戦後のように教育機会が平等に保障されることはなかったのだ。

五年制の中学校と旧制高等学校とが、実質的につながったのは明治三〇年代（一八九七年～）のことである（吉野、二〇一九）。それは、「選抜」としての「受験」の始まりでもあった。旧制の高校生や大学生は、少数のエリートに属していた。そこに至る道のりは厳しいものがあった。明治時代には、教育は立身出世の方法として用いられたのである。当時の高校生の間で広まっていた学生歌に、「デカンショ節」がある。それは、丹波篠山《ささやま》の踊り歌に由来する。「デカンショ　デカンショで半年暮らす　後の半年寝て暮らす」とうたわれた。この歌詞は、デカルト、カント、ショーペンハウエルを歌ったものともいわれている。有名な哲学者たちの名を放吟した、知的エリートたちの姿が浮かんでくるようだ。

吉野剛弘、二〇一九年『近代日本における「受験」の成立 「資格」試験から「選抜」試験へ』ミネルヴァ書房

2-3 大正から昭和にかけての学校

一九世紀末から二〇世紀にかけて、欧米では新教育運動が盛んになった。アメリカでは一九世紀末に、シカゴ大学の実験学校がつくられた。それ以降、児童の活動を中心に据えた実験学校が各地につくられ、創造的な教育が展開された。ラッグ（二〇一八）によれば、新しい学校の特徴は二点ある。第一は、個人の全体的成長を最大化する点で児童中心的である。第二に、好ましい環境の整備によって児童の成長を保障する点で社会中心的である。

このような教育の動きは、わが国の教育界にも大きな影響を及ぼした。大正初期から昭和初期にかけて、大正自由教育運動（新教育運動）が巻き起こったのである。それは、

それまでの画一的で注入的な教育に対する批判の動きでもあった。各地で、さまざまな実験学校が新たに設置された。一九一七年に、文部官僚だった沢柳政太郎が設置した成城小学校も、その一つである。成城小学校では新教育が実施され、児童の個性尊重が前面に打ち出された。

その一方で、社会情勢は急激に変化した。一九三一（昭和六）年九月には、「満州事変」が勃発。一九三三年から使用された『尋常小学修身書』は、「満州事変」後に高まった国家主義思想を反映した内容になっていた（豊泉、二〇一五）。一九三七（昭和一二）年には「日華事変」（日中戦争）、一九三九（昭和一四）年には第二次世界大戦が起こった。一九四一（昭和一六）年、国民学校令によって国民学校（初等科六年課程、高等科二年課程）が設置された。教育の世界も戦争一色に染められていく。子どもたちも、「年少の皇国民」という意味で少国民と呼ばれた。それは、一九三七（昭和一二）年から一九四五（昭和二〇）年までの時期である。こうして、子どもたちも戦争へと駆り立てられていくことになるのである。

清水（二〇一八）は、一九四一（昭和一六）年～一九四五年（昭和二〇）年に設置されていた障害児学校の教育の全体像を実証的に明らかにしている。空爆や集団疎開、勤労奉仕・勤労活動や防空壕づくりなど、戦争下での大変な生活の様子が示されている。海軍技量手（マッサージ師としての軍属）として働く盲学校卒業生。軍需工場で産業戦士として働く聾唖《ろうあ》学校卒業生。障害のために「戦争の役に立てない」という子どもたちの心理が、実に巧みに突かれたのだ。障害児は、戦争下で、多くの被害を受けたが、それと同時に、戦争を翼賛したという実態が明らかになっている。

ハロルド・O・ラッグ（渡部竜也・斉藤仁一朗・堀田諭・桑原敏典共訳）、二〇一八年『アメリカ人の生活と学校カリキュラム』春風社
豊泉清浩、二〇一五年「道徳教育の歴史的考察(1)　修身科の成立から国定教科書の時代へ」『文教大学教育学部紀要』四九巻、一一七〜一三八頁
清水寛、二〇一八年『太平洋戦争下の全国の障害児学校　被害と翼賛』新日本出版社

2-4　第二次世界大戦後の学校

一九四五（昭和二〇）年八月一五日。日本は、天皇が終戦の詔書を発表し、第二次世

界大戦の敗戦を受け入れた。戦時中の空襲や空爆、そして原爆投下によって、日本の各地が焦土と化した。多くの人々が家を失くし、困難な生活を余儀なくさせられた。被害にあった学校も少なくなかった（四方、二〇一二）。焼失した校舎を建て直そうとしても、資材が不足していた。屋外での青空教室が開かれたりした。一つの教室を午前組と午後組に分け使い、二部授業がおこなわれたりもした。それでも、子どもたちにとって、学校へ通うことができたのは、何よりの幸いだった。子どもたちは、「少国民」という枠から解き放たれたからだ。一九四七（昭和二二）年五月三日には、日本国憲法が施行された。戦争を放棄することが、高らかに謳《うた》われた。同年八月に、文部省（当時）は、「あたらしい憲法のはなし」を中学校一年生の社会科教科書として発行した。日本国憲法の精神をやさしく解説したものであった。

戦後の学校は、教育体系という点でも大きく変わった。戦前の学校教育の体系は「複線型」だった。しかも小学校卒業後は、進学する学校が男女によって分けられていた。教師を養成する学校も、師範学校・高等師範学校と女子師範学校・女子高等師範学校があった。男女が明確に区分されていたのだ。そのような教育制度は、戦後になってから大きく変わった。

一九四七（昭和二二）年に、新制中学が新たにつくられた。戦前の旧制中学と旧制高等学校は、エリート養成を主たる目的としていた。ごく一部の限られた男子だけが学ぶことのできる場だったのである。それに対して、新制中学は義務教育である。小学校を卒業した者が全員進学し、男女を問わず学ぶことができるようになった。こうして、小学校六年間と中学校三年間の、都合、九年間が義務教育となった。六・三制の誕生である。これは、日本国憲法に規定された教育を受ける権利の実現である。明治憲法（大日本帝国憲法）下での複線型教育から単線型教育への転換。男女を問わず普通教育を受ける機会の保障。男女共学の原則。これらは、戦前の天皇のため、国のために尽くすことを学ぶ教育からの大きな方向転換である。子どもたちが、自らの人生の主人公として生きていくことを学ぶ教育。それが実現されたことの意味は、子どもの自立という課題にとってもきわめて大きかったといえる。

この頃に、「六三制　野球ばかりが　上手くなり」という川柳が流行ったことは既に述べた。平和と自由を実感できた時代だったから、小中学生たちに野球熱が広まったのだろう。子どもたちは、自由を謳歌《おうか》したにちがいない。

四方利明、二〇一二年『学校建築の諸相』阿吽社

2-5　後期中等教育から高等教育へ

第二次世界大戦後、小学校と中学校は義務教育になった。当時の学校教育法（昭和二二年三月二九日法律第二六号）は、小学校と中学校について、次のように定めている。

第一七条　小学校は、心身の発達に応じて、初等普通教育を施すことを目的とする。

第一八条　小学校における教育については、前条の目的を実現するために、左の各号に掲げる目標の達成に努めなければならない。

一　学校内外の社会生活の経験に基き、人間相互の関係について、正しい理解と協同、自主及び自律の精神を養うこと。

二　郷土及び国家の現状と伝統について、正しい理解に導き、進んで国際協調の精神を養うこと。

三　日常生活に必要な衣、食、住、産業等について、基礎的な理解と技能を養うこと。
四　日常生活に必要な国語を、正しく理解し、使用する能力を養うこと。
五　日常生活に必要な数量的な関係を、正しく理解し、処理する能力を養うこと。
六　日常生活における自然現象を科学的に観察し、処理する能力を養うこと。
七　健康、安全で幸福な生活のために必要な習慣を養い、心身の調和的発達を図ること。
八　生活を明るく豊かにする音楽、美術、文芸等について、基礎的な理解と技能を養うこと。

第三五条　中学校は、小学校における教育の基礎の上に、心身の発達に応じて、中等普通教育を施すことを目的とする。

第三六条　中学校における教育については、前条の目的を実現するために、左の各号に掲げる目標の達成に努めなければならない。
一　小学校における教育の目標をなお充分に達成して、国家及び社会の形成者として必要な資質を養うこと。
二　社会に必要な職業についての基礎的な知識と技能、勤労を重んずる態度及び個

図3　中学校卒業生の就職率の推移

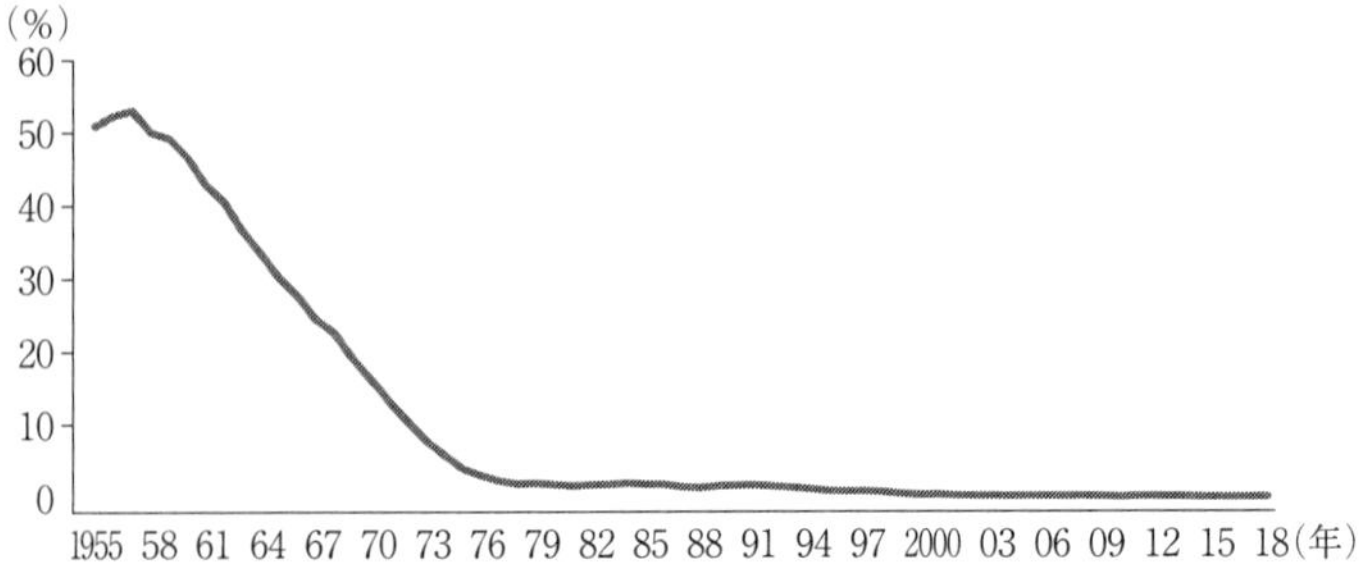

注）各年3月の卒業者のうちの就職者数をその年の数値として計算
出所）文部科学省「学校基本調査報告書」から作成

性に応じて将来の進路を選択する能力を養うこと。

三　学校内外における社会的活動を促進し、その感情を正しく導き、公正な判断力を養うこと。

小学校は初等普通教育、中学校は中等普通教育とされた。小学校で目標として定められた第一八条の第一項から八項は、中学校でも充分に達成すべき目標として掲げられている。さらに、第三六条第二項にあるように、中学校では、職業や勤労に対する知識・技能、態度を養うことが目標とされていた。その当時における中学校卒業後の進路選択の実態を見ると、その意味が理解できる。

図3に示したのは、中学校卒業生の就職率の推移である。新制中学校の第一回の卒業生が出たのは一

九五〇（昭和二五）年。その頃の就職率は、四〇パーセントを超えていた。一五歳という年齢で、半数近くの子どもが実社会に出て、働いていたのである。そのような状況において、ある種の職業準備教育が中学校には求められていたのだろう。小学校と中学校は、普通教育という共通項がある一方で、異なる性格づけがされていたといえる。

その後、図3から明らかなように、一九六〇年代に入り、就職率は急激に減少していった。一九七〇年代半ばには一〇パーセントを割るようになった。この期間は、高度経済成長の時代（一九五五〔昭和三〇〕年から一九七三〔昭和四八〕年まで）にあたる。その間に、中学生の進路選択は、就職の比率が低くなり、高校進学へと傾いていくことになる。高校進学のための通過点としての中学校の位置づけが強くなったのである。

一九七〇年代半ばには、中学校卒業生の九割以上が高校へ進学する時代が訪れた（二四ページの図2の高校進学率の推移を参照）。二〇一八（平成三〇）年の学校基本調査によれば、全国平均値は九八・八パーセントになった。現在では、高校は準義務教育学校化しているといえだろう。

こうした進学率上昇の背後には、社会経済的な要因が大きく作用している。時の政府の高度経済成長政策は、国民の所得を倍増するというものだった。活発な経済活動によって、所得水準が上がり、それにつれて生活の水準も向上した。子どもの教育に回す経済的余裕もできたのである。桜井（二〇〇二）によれば、一九六〇年代に「教育投資」という考え方が生まれたという。教育熱や受験熱は、都市から始まり、次第に全国に広がっていった。城山三郎は、加熱する受験競争を題材に、『素直な戦士たち』という小説を書いている。わが子を東大に入れたいと願う母親、そして、その期待に応えて育っていく長男。受験競争に邁進《まいしん》する長男を見ている次男。その結末は、あまりにもむごたらしく、また空恐ろしい（城山、一九七八）。

一九六六（昭和四一）年、中央教育審議会は、「後期中等教育の拡充整備について」という答申をまとめた。中学校卒業後三年間に、学校教育や社会教育、その他の教育訓練などの教育機会を提供する。教育内容や形態については、社会的要請が考慮されていた。そのうえで、各個人は適性・能力・進路・環境に適合した教育を選ぶことになる。この答申における「期待される人間像」とは、産業界の要請に応じた人材を育成することであった。

このように高度経済成長期には、後期中等教育の拡充が図られた。その結果、中学校卒業後の進路は多様化された。同時に、進路先の序列化が進行した。「普商工農」（普通科・商業科・工業科・農業科）といった高校の序列が広まっていったのである。高校進学をめぐる競争主義の教育も、激しさを増していった。急増する高校進学率に高校の入学定員が間に合わないという問題も生じた。全国各地で、中学校卒業後に高校に進学できない子どもが出たのである。「一五の春を泣かせるな」をスローガンにして、高校新設運動が展開されていった。

高等教育について、二四ページの図2によって見ていこう。大学・短大への進学率は、一九五〇年代は約一〇パーセントだったが、高度経済成長とともに上昇を続けた。その後、四〇パーセント前後のフラットな時期を経て、九〇年代から再び上昇に転じている。この時期は、経済不況が続いた「失われた一〇年」（一九九一～二〇〇〇年）でもあった。二〇一九（令和一）年の大学・短大進学率は、過去最高の五八・一パーセントとなっている。わが国は、高等教育のユニバーサル化の時代を迎えている。一九八六（昭和六一）年から一九九二（平成四）年まで実施された大学の臨時定員増も、高等教育の広がりに寄与した。大学は「広き門」となったのである。大学浪人の数も激減した。「一浪と書いてひとなみと読む」。「四当五落」（睡眠が四時間ならば合格、五時間は不合格）。これらは、大学受験が厳しかった時代を象徴する言葉になったのである。

他方で、有名難関大学を目指す競争は、いまでもなお存在している。各大学における保護者の収入を比較すると、東京大学が最も高いことが知られている。東大における私立高校卒業生が占める割合は、他の国立大学と比較して高いという（山内、二〇二〇）。

新自由主義といわれる市場における競争原理が称賛される今日の社会。教育投資の額の多寡が、進学競争を左右するような状況が生まれているのだ。

桜井千恵子、二〇〇二年「一九六〇年代家庭教育ブームの生成『家庭の教育』読者の声を中心に」『子ども社会研究』八巻、六五～七八頁
城山三郎、一九七八年『素直な戦士たち』新潮社（『城山三郎全集』第九巻に収録）
山内乾史、二〇二〇年『「大学教育と社会」ノート　高等教育論への誘い』学文社

2－6　学校において学ぶことの意味

国家の側から見た教育とは、国家形成の重要な機能を持つものとして位置づけられる。明治政府の敷いた学制は、富国強兵政策の一翼を担っていた。第二次世界大戦前の教育は、「少国民」の育成を目指した。戦後の教育は、「期待される人間像」（一九六六年中教審答申）が象徴しているように、産業界の要請に応えようとしている。

他方で、国民の側から見れば、全く異なった教育の姿が見えてくる。教育とは、未来の主権者を育てる営みなのである。未来の主権者として子どもが成長していく過程を導き、援助することである。子どもたちが、自らの心身を発達させることである。人生の主人公として生きていくための能力を獲得することである。認識能力や社会性など、多様な側面を発達させ、人格的な成長を遂げることである。

学校（school）の語源は、ギリシャ語のスコーレ（scholē）だ。スコーレには、「余暇、討論」という意味が含まれている。大人と一緒に働かざるを得なかった子どもは、働くことに全力を挙げるしかなかった。長い歴史の中で、働く子どもは学校に通えるようになってきた。実社会と少し離れた学校という世界で、子どもは一定の時間を過ごすようになった。学んだり、友人と語り合ったりしたのである。

根本（一九八七）によれば、学校には二つの側面がある。第一は、公的組織的側面である。学校教育の目的を達成するために、さまざまなことが要請される。学校教育にかかわる法律や学習指導要領は、教育の目的・教育内容・教育方法を定めている。学校では、それらにもとづいて、教育実践がおこなわれる。年間の授業数、各学年で教える教科・内容、一時限の長さ、成績評価のやり方など、多岐にわたって定められている。第二は、私的側面である。子ども一人ひとりは、考え方も志向も、趣味も特技も、それぞれ異なっている。算数が好きな子もいれば、国語が好きな子もいる。スポーツが得意だったり、歌がうまかったり。友だちと会うのを楽しみに学校に来る子どももいるかもしれない。子どもは、実にさまざまな私的欲求を持って学校に通ってくる。

学校における公的組織的側面と私的側面は、ときに対立することがある。午前中の中休み時間の終わりのチャイムが鳴れば、教室の自分の椅子に座らないといけない。三時間目が始まるからだ。「友だちともっと遊んでいたかった」と、子どもが思っていたとしてもだ。学校の中には、至るところにルールがあり、それに従うことが求められる。ルールから逸脱すれば、注意されたり、叱られたりするのだ。他方で、ルールを柔軟に変えることもできる。「みんな今日は頑張ったから、六時間目は校庭でドッジボールにしよう」と、先生が言うことがあるかもしれないのだ。

子どもにとっての学校は、勉強の場であると同時に生活の場でもある。授業を受け、休み時間に遊び、放課後を過ごす。登下校の時間も、友だちとかかわる時間も、全てが大切なものなのである。

子どもが、学校へ通うことの発達的意味は何だろうか。学校では、いくつもの活動が互いに関係しながら繰り返されていく。時間割、登校日と休日、学期、行事が、一日・一週間・春夏秋冬・一年という単位で繰り返されていく。「次の授業は国語だ」「今日の授業が終われば、土日は休みだ」「夏休みもあと三日。二学期には勉強頑張るぞ」「今年の秋は音楽発表会だ」「来年の春には六年生」。このような未来への見通しと期待は、活動を繰り返すからこそ生まれてくるものなのである。

繰り返すことの教育的意義について、教育哲学者のボルノウ（二〇〇九）は強調する。日本の弓道では、弓を引くという基本動作が繰り返される。単純な動作を反復しておこなう練習は、つまらないものとして目に映る。だが、弓を意のままにするには練習が欠かせない。練習によって、精神の自由が獲得されるというのだ。学校では、子どもたちが意識しない間に、活動を繰り返している。そのことが、精神の自由の獲得につながっているといえるだろう。

根本橘夫、一九八七年「学級集団の独自性からみた学級集団の規範、構造および風土」『心理科学』一一巻一号、一～一六頁
O・F・ボルノウ（岡本英明訳）、二〇〇九年『練習の精神　教授法上の基本的経験への再考』北樹出版

第1章のまとめ

本章では、子どもと労働や教育との関係について、江戸・明治の時代から現代まで歴史的に振り返ってみた。私たちは、目の前にいる子どもたちを見ている。それだけだと、その子どもたちの意識や行動の特徴をとらえることは難しい。本章で検討してきたように、歴史という軸を用いて、相対化してとらえることが必要になる。

目の前の子どもたちの多くは、当たり前のように普通教育を受け、学校で学んでいる。ところが、わずか百数十年前には、多くの子どもは学校教育とは無縁であった。小さい頃から、大人と同じような働き手として、労働に従事していたのだった。いわば、半ば強制的に小さな大人としての「自立」を求められていたのである。

そうした状況は、長らく続いた。わが国は第二次世界大戦の敗戦国となり、日本国憲法のもとに新しい教育制度がつくり出された。そのことによって、ようやく子どもたちは義務教育としての小学校・中学校九年間、学ぶ権利を獲得したのである。

子どもの自立にとって、大人社会とは切り離された学校という場で学び、生活することの意味は大きい。その期間に身につけた知識や文化、心身の能力は、子どもの自立を支えるものとなるのだ。それは生きるために必要な空気のようなものであり、水のようなものでもある。当たり前に見えることの本来的な価値を再認識する。その大切さをあらためてかみしめていきたいものである。

第2章　現代社会における子どもの自立

第1章では、子どもという存在について、歴史的に振り返ってみた。日本史の区分では、明治維新から第二次世界大戦の終結までを近代という。現代とは、第二次世界大戦後の時代を指す。一九四五（昭和二〇）年から現在までが、現代ということになる。一九五一（昭和二六）年生まれの私は、現代という時代をずっと生きてきたのである。

思い起こしてみれば、この間に生活様式は大きく変わった。小学生の頃に住んでいた社宅は、汲《く》み取り式の共同トイレ。風呂は近くの銭湯へ出かけた。電気冷蔵庫も電気洗濯機も電気掃除機もなかった。母は、冬が近づくとセーターをほどいて、編み直していた。父は電電公社（当時）に勤めていたが、わが家には電話がなかった。

いまの生活は、私が小学生だった時とは全く異なっている。暖房便座の洋式トイレ。ボタンを押せば、すぐにお湯の出てくるお風呂。電化製品は、冷蔵庫・洗濯機・掃除機だけでなく、炊飯器・クーラー・ホットカーペットなど。セーターを編み直したりはしない。古くなれば、新しいものを買うのが当たり前のようになった。電話は、固定電話とスマートフォンなどを使っている。生活は、ずいぶんと便利になった。小学生の頃の私が、いまの時代にやってきたら、きっと目を回すに違いない。

時代とともに、私たちは生きている。それぞれの時代は、生活様式だけでなく、さまざまな点で異なっている。産業構造や交通機関、商業や貿易、人間関係など、挙げていけばきりがない。時代とともに、社会は大きく変わっていく。子どもは、その時代の空気を吸いながら成長していく。その時代の社会のありようが、子どもに与える影響は非常に大きいのである。

はたして社会とは、いったい何だろうか。その社会を、どのようにとらえていけばよいのだろうか。

社会という言葉は、そもそも日本語にはなかった。明治以降に、使われるようになった言葉だ。社会とは、society という英語の日本語訳である。福沢諭吉は、society を「人間交際」と翻訳した。社会は、社会構造のようなマクロなものだけを指すわけではない。社会には、人と人との具体的なかかわりのありようも含まれているのだ。この点に注意を払いながら、社会と子どもの自立との関係をとらえていきたい。

二一世紀も、その五分の一が過ぎた。グローバル化した時代において、子どもの生き方はどのように変化したのか。子どもの自立は、いかなる実態を示してきたのか。本章では、現代日本社会の特徴を理解することを通じて、子どもの自立をめぐる諸問題について考えていくことにする。

1　社会の中での子ども

「歌は世につれ、世は歌につれ」。流行歌の歌詞の中には、その時代の社会や世相が色濃く映し出されている。

歌手・舟木一夫のデビューシングル「高校三年生」。この曲が発売されたのは、一九六三（昭和三八）年六月。東京オリンピックが開催される前年だった。戦後復興の混乱期を経て、高度経済成長の真っただ中で、日本中が沸き立っていた頃である。

「赤い夕日が校舎を染めて　楡《にれ》の木陰に弾む声　ああ高校三年生　僕ら離れ離れになろうとも　クラス仲間はいつまでも」

哀愁を伴ったメロディーに乗せて、友との別れが切々と歌われる。その当時、中学生の就職率が三〇パーセント、高校生の就職率は六九パーセント、大学進学率が二〇パーセントだった。高校を卒業すれば、かけがえのない友人との別れが待っている。この先、一生会えないかもしれない。この歌詞には、そんな若者たちの切ない思いが込められている。

この歌が流行してから半世紀が過ぎた。現在、高校生の就職率は一七・四パーセント、大学進学率は五八・一パーセントとなっている。就職も進学も、その状況は大きく変わった。いまの時代の「高校三年生」を新たにつくるとすれば、テーマも歌詞も全く違ったものになるに違いない。

第二次世界大戦後、日本社会はいかなる変化を遂げて、現在に至ったのか。その実態を見ていきながら、現代の日本社会の特徴について述べていきたい。

1―1　日本社会の移り変わり　人の手から機械へ

小学生の頃は、東京の杉並区に住んでいた。日曜日には、いろいろな過ごし方があった。ときどき、祖父母のいる文京区湯島まで遊びにいった。高円寺駅から御茶ノ水駅まで、国鉄（当時）の中央線に乗っていった。電車の切符（厚手の硬券）を窓口で買い、改札で駅員に、切符に鋏《はさみ》を入れてもらった。お茶の水駅に着くと、聖橋《ひじりばし》口から出て、都電（路面電車）に乗った。乗車切符は、車内にいる車掌から買ったものだ。

父親に、映画館に連れていってもらうこともしばしばあった。窓口で入場券を買って、入り口で係りの人に入場券をもぎってもらう。もぎるというのは、ねじって切り取ること。半券を手にして暗い場内に入って行き、空いている席を探して座った。いつも観ていたのは、東映のチャンバラ映画だった。

電車や都電に乗るにしても、映画館で映画を観るにしても、人とのやりとりが必要だった。お金を渡して、切符や入場券を買う。そういう手間が必要だった。一九五〇年代から六〇年代半ばの話である。そうしたのんびりした時代は、あっという間に、どんどんと変わっていった。

国鉄（当時）が、軟券（薄い紙）に印刷する多種類式の自動券売機を導入したのが一九六六（昭和四一）年。その後、一九八五（昭和六〇）年には、プリペイド式のオレンジカードが発行された。一九九〇（平成二）年には、首都圏に自動改札装置が導入されている。二〇〇一（平成一三）年には、ICカードシステムSuicaが導入された。

人の手から切符を買っていた時代から、自動券売機で切符を買う時代へ。さらには、切符を買うことが必要なくなった時代へ。こんなふうに大きく変わってきたのである。

映画の場合も、また同じだ。映画館の自動券売機でチケットを買うか、あらかじめインターネットで予約をしておくか。人の手を介さなくても、チケットは買えるし、席も自由に選んで決めておくことができるのだ。

このように、戦後の日本社会は大きく変化してきている。人との直接的な関係から間接的な関係へと変わってきた。自分の目の前にいる人とのやりとりから、機械やシステムとのやりとりへ移ってきた。自動券売機という機械を設計し、メンテナンスや改良をするのは、人間である。ICカードやインターネット予約のシステムを設計し、メンテナンスや改良をするのも、また人間である。ただし、そのような働く人間の姿は、私たちの目には直接的には見えない。いま私たちは、そうした社会の中で生きているのである。

いまの時代に生を受けた子どもたちは、こうした現実を所与のものとして受け止めざるを得ない。そして、そこから多くの影響を受けながら成長していくのである。

1-2　日本社会の移り変わり　産業構造の変化

こうした社会変化の背景にあるのは、戦後日本の産業構造のありようである。第一次産業から第二次産業へ、そして、第三次産業へ。日本社会の産業構造の急激な変化は、さまざまな歪《ゆが》みや問題点を生みだしていった。

日本はもともと、稲作を中心とする農業国だった。平野に広がる田んぼから、山を切り開いた百枚田、千枚田まで、日本全国至るところで米作りがおこなわれていた。田植えや稲刈りに人手が必要だった頃は、子どもも農作業に駆りだされていた。

一九五三（昭和二八）年に、農業機械化促進法が施行され、農業用機械の研究開発が進められていった。一九六〇年代の半ばには、田植機（長方形の育苗箱で発芽させたマット状の苗を植える）が登場している。

こうして農業の機械化が進む一方で、米食からパン食へという食生活の変化も顕著になっていった。その背景には、戦後の学校給食の普及があった。給食には、メリケン粉（小麦粉のこと）から作ったパンと脱脂粉乳のミルクが出された。小麦粉はアメリカから寄贈されたものだった。脱脂粉乳はユニセフから寄贈されたものだった。第二次世界大戦の敗戦国になった日本では、食糧事情が悪化していた。一九四六（昭和二一）年から一九五二（昭和二七）年まで、ララ（LARA：Licensed Agencies for Relief in Asia アジア救援公認団体）から食料・衣料などの支援物資も提供されていた。

学校給食を通じて、洋食志向が強まっていった。その反動として、コメ離れが進み、農家の暮らしもだんだんと苦しくなっていった。専業農家から兼業農家へという流れも広がった。たわわに稲が実った田んぼが広がる田園風景は、次第に消えていってしまった。農作地は、住宅やレストラン、パチンコ店、工場などへと変貌していったのである。

農業が下降線をたどると同時に、社会の中で脚光を浴びるようになったのが、ものづくりである。高度経済成長期には、京浜・東海などの太平洋に面した地域に、巨大コンビナートが造られていった。それらは、鉄鋼・セメント・造船・化学工業などの工場群である。このような重厚長大と呼ばれる産業が盛んになっていった。また、自動車や家電製品の製造を担う機械工業も、高度経済成長期に発展した。

一九五〇年代には、三種の神器（白黒テレビ、電気洗濯機、電気冷蔵庫）、そして、一九六〇年代には、３Ｃ（自動車、クーラー、カラーテレビ）が普及していく。生活の中に耐久消費財が増えていき、人々の生活は、より便利でより快適なものになっていったのである。

他方で、各地の重化学工業の工場からの排出物は、深刻な環境汚染を引き起こした。四大公害病（水俣病、四日市ぜんそく、イタイイタイ病、第二水俣病）による地域住民の健康被害は甚大なものであった。

このような負の遺産をはらみつつ、消費を求める人々の志向性は強くなっていった。一家に一台カラーテレビがあることが、普通になっていった。電子レンジやＶＴＲ、パソコンなども、一九九〇年代以降、普及していくのだった。

そうした状況のもとで、第三次産業中心の社会が到来する。後になって「失われた一〇年」あるいは「失われた二〇年」と呼ばれるようになる長い経済不況が、一九九一年に始まる。グローバル化や規制緩和のもとで、生産拠点を国内から海外へと移す企業も増加した。産業の空洞化が起こり、国内では第二次産業による「ものづくり」が衰えていくのである。それに代わって、サービス業や通信業、金融業などに代表される第三次産業が主力産業になっていった。IT革命によるインターネットの発展が、それに拍車をかけた。顧客の気分をよくするサービスやとっておきの情報が、価値を持つのだ。汗水垂らしてものをつくる人より、それを売り買いする人の方が「偉い」と感じさせるような時代となったのである。

このような日本社会の変化は、数十年という短期間に起こった。そして、現代を生きる子どもたちは、ものをつくる生産の世界から遠ざけられるようになった。自分で手作りするのではなく、「どこかでつくられた商品」を買うのが当たり前になったのである。お金を出せば、何でも買える時代。便利で快適な生活はお金によって生み出されるが、肝心のお金がなければ窮してしまう。産業社会の変化は、こういった厳しい現実を子どもたちに突きつけているのである。

商品としてのモノは、誰かによってつくり出されたものである。生鮮食料品に添えられた生産者名のシールは、それを示すものである。衣料品などのタグにも、生産国名が記されている。中国、ベトナム、インドネシアなどなど。さまざまな国でつくられた製品が、輸入され、売られているのである。誰が、どこでつくっているのか。そのことについて考えることは、大変重要だといえる。

1－3　消費社会の進行と子ども

小学生の頃に住んでいた東京・高円寺の社宅には、子どもが大勢いた。一番年長の私は、年下の子どものリーダー役だった。男の子が集まって、社宅の前庭で「ゴロベース」をよくやった。ピッチャーが地面に転がしたゴムボールをバッターが素手で打つ。バットもグローブもいらない手軽な野球である。ホームと一塁と二塁しかない三角ベース。ボール一つさえあれば楽しめる遊びだった。

いま、都会では空き地や路地そのものがなくなってきている。公園に行けば、「ボール遊びは禁止」という立札が立っていたりする。友だちとキャッチボール一つやるのも、容易ではない。身体を動かして野球を楽しみたければ、少年野球チームに入ることになる。サッカー教室、スイミング・スクール、体操教室などに入る子もいる。いまの時代、子ども向けのスポーツ事業には事欠かない。

このように、運動一つとってみても、時代と共に大きく変わっていることがわかる。

子どもたちが自由に遊べたものが、お稽古ごとや習いごとのようなものになっているのだ。お金のかからない子どもの遊びは、お金を払って体験するものになっている。もちろん、少年野球をやっている子どもは、それを楽しんでいるに違いない。ただし、それは広い意味での「商品」を買うということにほかならない。親がお金を支払い、子どもが楽しむ。子どもの遊びも、消費社会の中に組み込まれているのである。

子どもの蒐集《しゅうしゅう》においても、同じようなことがいえる。元来、子どもは物を集めるのが好きだ。大人から見ると、まるで価値のないガラクタのようなものも、子どもには宝物だ。私も、子どもの頃にグリコのキャラメルに付いているおもちゃを集めていた。大事なものだったのだろうが、いつの間にか、どこかに散逸してしまった。

このようなおまけ付きのお菓子は、いつの時代にも、子どもには人気がある。一九七一（昭和四六）年に発売されたカルビー製菓（当時）のスナック菓子も、その一つである。そのスナック菓子には、仮面ライダーのカードがついていた。その当時、子どもたちの間では、仮面ライダーカードを集めるのが大流行した。それが白熱し、カードだけ手にして、スナックを捨てる子どもも出てくる始末だった。こうした現象が各地で広範囲に見られ、社会問題化した。あたかも、おまけとお菓子の立場が逆転したかのような状況が生まれたのである。「お金を出して、おまけを買う」といった意識が広まったといってもよいだろう。

それから、半世紀。テレビでは、子どもたちの消費欲求をかき立てるCMが続々と流されている。消費のターゲットとして、子どもたちは狙われているのだ。現代社会では、「お金を出せば、何でも買える」。街中にある「ガチャ」には、子どもたちの興味をひきそうな「商品」が並んでいる。缶バッジでも、フィギュアでも、お金を入れてレバーを捻《ひね》れば手に入るのである。

こうした消費社会の進行は、物の所有に対する欲求を強めていく。より多く、より価値の高い物を手にしたいという欲求を際限なく膨らませる。「商品」として売られている物は、代替え可能である。「欲しければ買う。要らなくなったら捨てる」といった意識が強くなる。「金額の高い物ほど価値がある」といった意識にもなってくる。ブランド品や希少品が持てはやされ、「商品」そのものが記号化されていくのである。

高度経済成長期には、「消費は美徳である」といわれた。それは、いまの時代、大人だけでなく子どもをも巻き込んで進んでいるといえる。消費社会の進行には、大人も子どももないのである。

小さい頃から、物に囲まれて育ってきた子どもたち。物を所有することが、あたかも自己存在の証《あかし》となるような社会。自分の個性さえ「セールスポイント」として、売り出すことになるのだ。消費社会の進行は、自己をも「商品」としていく。現代の子どもは、そのような中で生きている。その世界は、「与えられるものの過剰」。そして、自らつくり出すものの過少」である。そのアンバランスのもとでは、既成品の選択の余地はあっても、自らの工夫の余地は少ない。これは、子どもの発達にとって大きな問題であるといえる。

1-4 競争社会と子ども

子どもの頃、運動会の徒競走は嫌いだった。走るのが遅かったからだ。一度も三位までになったことはなかった。そんな私だったが、一度だけ脚光を浴びたと感じたことがある。中学三年生のときに、走り幅跳びで学校代表に選ばれたのだ。偶然そのとき調子がよかったのかもしれない。同級生が力を加減していたのかもしれない。地区大会に出場したが、あえなく敗退。自分とは、まるで実力が違うということを痛感させられた。

運動に限らず、子どもの世界で競争はつきものである。人に負けたくないという気持ちが、がんばりや努力を引き起こすことがある。好敵手やライバルの存在は、自分の力を向上させることにつながるのだ。それは、お互いを高め合うような関係である。このように、競争にはポジティブな意味が含まれている。そんなライバルたちが「双璧」「三羽ガラス」「四天王」などと呼ばれることがある。こうした関係は、互いが切磋琢磨《せっさたくま》して伸びていくさまを表わしている。

それでは、現代の子どもはどのような競争のもとに置かれているのだろうか。受験競争や学歴競争といった言葉が、社会の中で広まってから久しい。私が高校生だった頃、中間テストや期末テストの上位一〇〇人の一覧が配布されていた。常に上位にいる優秀な生徒もいた。私は、五〇〇人中二〇〇～三〇〇番台をウロウロしていた。競争には、なかなか乗れなかったのだ。

受験競争は、過酷で孤独な競争だ。合格人数は定められている。倍率が一・〇倍を超えれば、誰かが不合格ということになる。合格するには、自分が上位にいなければならない。生身の相手と直接対峙《たいじ》するわけではないが、結果的には「ライバル」を蹴落とすことになる。「ライバル」は、自分にとって邪魔な存在でしかない。競争は、ネガティブな意味を持つこともあるのだ。

このように、競争にはポジティブな面とネガティブな面とが含まれている。子どもたちが組み込まれている競争は、どのような性質を持ったものなのだろうか。運動会の徒競走では、誰もが同じスタートラインから走り出す。足の速い子も遅い子も、みんな同じ場所からスタートする。自分の足だけが頼りだ。その意味で、この競争に参加する子どもたちは対等平等の関係にある。

では、走る代わりに、誰かが自転車に乗っていたとしたらどうだろうか。もはやこれは、徒競走というものではない。誰の目にも、そのことは明白である。どんなに足の速い子でも、自転車に乗った子どもにはかなわない。ここには、対等平等の関係は存在しないのである。

では、現代社会における競争は、本当はどのようなものなのだろうか。格差社会と呼ばれるいま、社会の中には、新自由主義的な価値観が広く行きわたっている。自由な競争に参加して、勝負を決める、それができるのだ、と喧伝《けんでん》されている。その競争の結果、「勝ち組」と「負け組」が決まるというのだ。果たして、それは正しいのだろうか。運動会の徒競走のように、対等平等な関係のもとで競争は展開されているのだろうか。答えは、ノーである。受験競争を例にとって考えてみよう。

通勤途中に、私が乗り換える駅がある。夜の九時頃に、学習塾のカバンを背負った小学生の姿をしばしば見かける。その子どもたちは、中学受験のための勉強をしているのだ。そうやって小さい頃から、学校以外の勉強を重ねていった子どもが「いい中学校」へと進学していく。「いい高校」「いい大学」へと続く道は、「いい就職」に繋がっていく。そう信じて、子どもたちは受験競争へと足を踏み入れていくのだ。親に背中を押されている子どももいるかもしれない。第1章で触れたが、城山三郎が『素直な戦士たち』で受験競争の悲喜劇を描いたのは、四〇年ほど前のことである。現在も、それはまだ続いているのだ。

親の経済力がなければ、子どもへの「教育投資」はできない。全国の大学を対象にして親の年収を比較すると、東大が最も高いといわれる。受験競争は、子どもの学力だけでなく、親の経済力も大きな要因となっている。経済力に乏しい子どもは、最初からハンディを背負っているのだ。その意味で、子どもたちが直面する競争は、真に対等平等なものとはいえない。現代社会における競争とは、目には見えづらい不平等を前提としたものなのである。

このような経済格差は、子どもの貧困と呼ばれる深刻な状況を生み出している。世帯の可処分所得（収入から税金・社会保険料等を除いたいわゆる手取り収入を世帯人員の平方根で割って調整した所得）の中央値の半分の額にもとづいて、相対的貧困率が算出される。いまの日本社会では、七人に一人の子どもが暮らす世帯が、この貧困線を下回っているといわれている。それに対して、地域において、「子ども食堂」などによる支援の手が差し伸べられているのである。こうした現実に対して、目を向けていくことが求められる。

1―5　インターネット社会と子ども

大学院生時代、アルバイト帰りに喫茶店に寄り、インベーダーゲームをよくやった。テーブルがゲーム台になっていた。コーヒーを注文してから、ゲームを始める。一ゲームが一〇〇円だった。負けると、お金がどんどんなくなっていく。一〇〇円玉をテーブルの上に積み上げていたものだ。一九八〇年頃の話である。当時のゲームは、大人のものだったのだ。

ゲーム事情は、いまでは大きく変化している。ゲームの主流は、携帯型ゲーム機だ。いつでも、どこでも遊ぶことができる。値段が高くて、子どもにはちょっと手が出ない。それでも、クリスマスや誕生日のプレゼントで、子どもはゲーム機を手に入れる。

最近のゲーム機は、wi‐fiを介してインターネットに接続することもできる。ゲームソフトをダウンロードするということも、当たり前になっている。YouTubeにつないで、動画を観ることもできる。ゲーム機というよりは、機能が限定された「パソコン」といってよいのかもしれない。

この種のゲーム機が初めて登場したのが、二〇〇四（平成一六）年。この年に、PSP（プレイステーション・ポータブル）やNintendo DSが発売された。その後、この種のゲーム機は進化を遂げ、今日に至っている。Nintendo Switchは、子どもの憧れの的である。

いま子どもに人気があるのが、オンライン型のゲームだ。ゲーム機のスイッチをオンにすれば、「トモダチ」と一緒にゲームを楽しめる。その「トモダチ」は、仲のよい友だちや同級生に限らない。ゲームという仮想空間で知り合った、本名も顔も知らない相手でもよいのだ。お互いに顔見知りの「リア友」。インターネットで知り合った「ネッ友」。子どもの友だちの範疇《はんちゅう》も、ずいぶんと変わってきたものである。

携帯型ゲーム機のほかに、スマートフォン、ケータイも子どもたちの世界に入りこんでいる。図4に示した「小中学生ICT利用調査二〇一九」によれば、小学三年生で三一パーセント、六年生になると五〇パーセントがスマートフォンまたはケータイを所有

図４　小学生と中学生におけるスマートフォン・ケータイの所有率

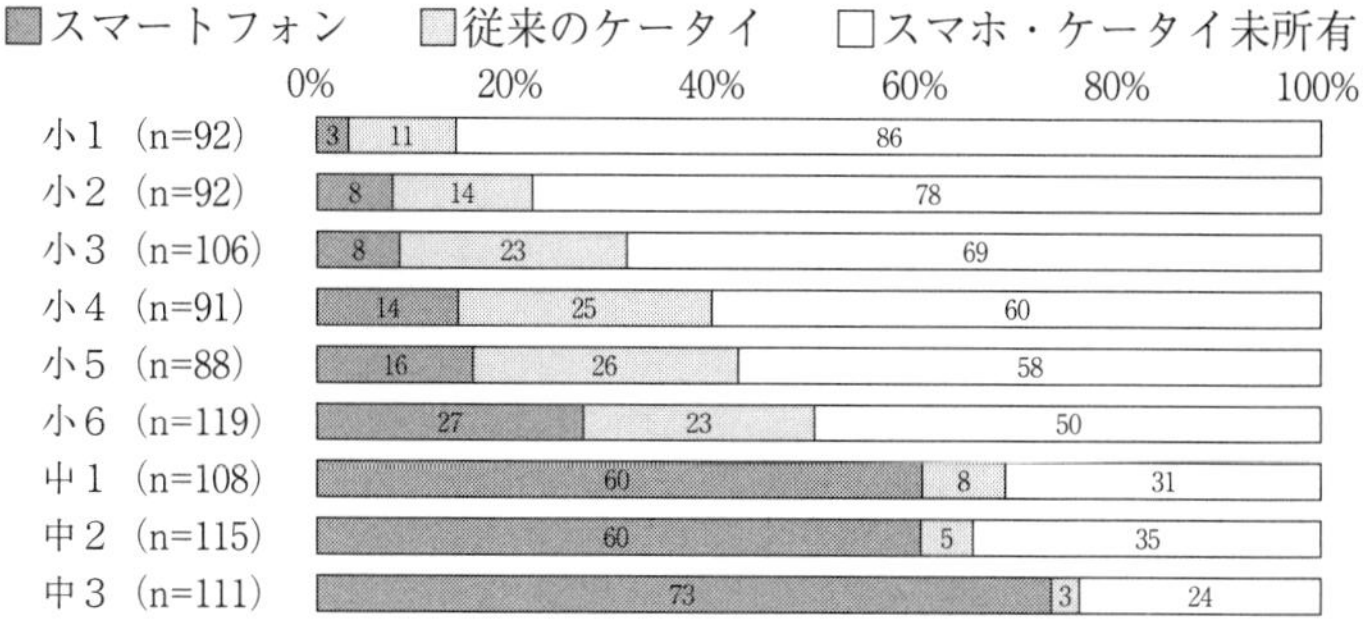

注１）スマホ、またはケータイを子どもが自分専用の端末として所有している割合を集計。全国の小中学生の保護者が回答
注２）「スマートフォン」はキッズスマホ、iPhone、Android スマートフォンを集計
注３）「従来のケータイ」はスマートフォン以外のフィーチャーフォン、キッズケータイを含め集計
注４）「スマートフォン」と「従来のケータイ」をどちらも所有している場合はスマートフォン所有として集計
出所）小中学生 ICT 利用調査 2019（訪問留置）

している。中学生になると、その割合はさらに増え、中学三年生では七六パーセントにまで達する。小学一年生から五年生までは、スマートフォン以外の従来のケータイの方が多い。他方で、中学生では、スマートフォンの所有率の方が高くなっている。同調査では、全国的に見て、中学生の二～三割が夜の一二時以降までインターネットを利用していることも明らかになっている。スマートフォン・ケータイというツールを通じて、子どもたちはオンラインゲームやYouTube視聴をおこなっているのである。

　さらに、子どもたちはTwitterやInstagramなどのＳＮＳ（ソーシャル・ネットワーキング・サービス）やLINEを利用して、ネット上の対人関係をつくっていく。そこには、同級生や友人というリアルな関係もあれば、見知らぬ者同士のネット上だけでの関係もある。

文字言語だけで「会話」するＳＮＳやLINEは、自分の思いが正しく伝わらないことがある。それを補足するような絵文字やスタンプなどが作りだされても、実際に会って話すときのような言葉以外の表情や身振り、ニュアンスを伝えることは難しい。また、一度送信されたメッセージが各所に転送されて、思わぬ波紋を生むこともある。そのような危険性をはらんだネット上の人間関係に対して、適切に対処するのは至難の業《わざ》である。ましてや、ＳＮＳ上で悪意を持って待ち構えている大人が、子どもを騙《だま》すことなどいとも容易なことなのだ。

一人ひとりが多様なツールを所有し、すぐに誰かとつながることができる。いまを生きる子どもたちは、このネット社会の中で生まれ育ったデジタルネイティブである。そのことを理解しつつ、新たな可能性を見つけ出していくことが重要である。

第四四回青少年のインターネット環境の整備等に関する検討会、二〇一九年「小中学生ＩＣＴ利用調査二〇一九調査結果」

1－6　監視社会と子ども

子どもが自立していくプロセスは、親から次第に離れていくことでもある。子どもの行動範囲も、年齢とともにだんだん広くなっていく。親の目が直接行き届かないようなところにまで出かけていったりする。どこで何をしているのか、皆目わからない。親からすれば、そうしたわが子の様子が、心配の種になることもある。同時に、親から離れて独自の世界を持つわが子に、たくましさを感じたりもするのだ。

現代社会では、そんな子どもの様子を知ることも可能である。二〇〇六年に発売されたキッズケータイにはＧＰＳ（Global Positioning System）機能が付いていた。ＧＰＳとは、アメリカ合衆国が打ち上げたＧＰＳ衛星の信号を受信器で受け取り、自分の位置を知るシステムである。ケータイのＧＰＳ機能をオンにすれば、ただちに自分の居場所がわかるのだ。ケータイ画面上の地図を使えば、初めて行く場所までの道順を教えてくれたりする。とても便利な機能である。

キッズケータイと親のスマートフォンを連動させれば、わが子がどこにいるかがわかる。子どもの行動を手に取るように知ることができるのだ。いろいろな事件や事故が起こることが多い現代社会。子どもに対する安心や安全も増すというものだ。七七ページの図4に紹介したように、小学五年生までは、スマートフォンよりも従来のケータイの所有率の方が高い。このように、低年齢の子どもほどキッズケータイの所有が多いのである。

子どもにキッズケータイを持たせれば、親は子どもの行動を「監視」できる。安心や安全を突き詰めていけば、そうした「監視」に行きつくのである。

同時に、大人の側も、所有しているスマートフォンによって、行動の履歴が「監視」されている。インターネット検索でショッピングをして、クレジットカードで代金を支払う。スマートフォンを財布やクレジットカード代わりに使い、店で買った品物の代金を支払ったり、電車に乗ったりする。そうしたことを繰り返すことで、行動履歴はビッグデータの中に記録されていく。どこで何をしたのか、どんなものが好きなのか。さまざまな個人データが蓄積されていくのである。そうした記録がマイナンバーと紐《ひも》づけられれば、全ての行動が行政機関などにわかってしまう。これこそが、究極の監視社会なのである。

現代は、ある意味でソフトな監視社会である。誰かが誰かを常に見張り、一挙手一投足を逐一報告するようなハードな監視社会ではない。何事もなく日々が過ぎ、誰かに見られていると意識することもない。だが、自分の行動は常に誰かに見られている。そういった特徴を持っているのだ。フランスの哲学者ミッシェル・フーコーが『監獄の誕生』で述べたパノプティコン（イギリスの思想家ジェレミー・ベンサムが構想した監獄で、中心部に監視塔があり、独房は円形に配置されている。監視員は囚人を観察できるが、監獄に光が入るため、囚人からは監視員が見えない）のような状況だといえよう。

ソフトな監視社会では、他者のまなざしが内面化されていく。始発駅のバス停で、整然と列をつくってバスを待つ人たち。その列に誰も割り込もうとしない。割り込もうとしたら、すかさず誰かに注意を受けることだろう。疲れていて、座りたいと思っても、列の最後尾に並ぶのだ。そこにあるのは、内面化された厳しい他者のまなざしである。

このような大人の姿は、黙々と受験勉強に励む子どもの姿に重なってくる。親や教師の期待に応えて、一生懸命に勉強する子ども。そこにも、内面化された他者のまなざしの存在を見てとることができる。森真一が、『自己コントロールの檻《おり》』で述べたように、自分でも意識しないままに身体化されてしまっているのだ。

M・フーコー（田村俶訳）、一九七七年『監獄の誕生　監視と処罰』新潮社
森真一、二〇〇〇年『自己コントロールの檻』講談社

2　世界の中での子ども

世界には、二〇〇近くの国があり、約八〇億人の人が住んでいる。そのうちで、一五歳未満の子どもは、約四分の一ほどである。多種多様な人々が、この地球には暮らしている。そうした外国の人たちと直接会って、関係を深める機会はそれほど多くはない。

子どもの頃にテレビで見た「兼高かおる世界の旅」（一九五九年から一九九〇年までTBSが放映）。その番組によって、日本と違う遠い異国があることを知った。それと同時に、海外に行くということなど、露ほども考えなかった。当時の子どもにとって、外国は全くの別世界だったのだ。私が初めて海外に出かけたのは、四〇代になってからのことである。それからは、海外の研究者との交流を深め、外国の人々の暮らしを直《じか》に見聞する機会も多くなった。

その中の経験の一つに、一九九四年から一九九五年にかけての一年間、家族と一緒に行ったベルギーのルーヴァン大学への留学がある。まだ幼児だった娘を現地の幼稚園に通わせた。幼稚園は、高い塀に周囲を囲まれた小学校に併設されていた。開放的な日本の幼稚園とは全く異なり、外からは、何も見えない。クラス担任の先生は、子どもから「タンテ」(オランダ語で、おばさんの意味)と呼ばれていた。タンテごとに自分の教室を持ち、子どもたちを指導する。どちらかというと、教育に力点があるように感じられた。こうした体験は、私にとって得難いものとなった。

いまの時代、海外に行かなくても、外国のことを知る機会はいくらでもある。インターネットを利用して、外国に住む人々と交流することもできる。さまざまな形で関係をつくり上げ、世界の人たちとつながっていく。そのことはとても大切だ。他者への思いや他者への想像力を発揮することにつながっていくからだ。

外国に暮らしている人々との交流は、新たな認識の端緒になる。日本と外国の違いを知り、世界の中で日本を相対化してとらえるようになるのだ。そこから見えてくるものは、いまを生きる子どもにとっての指針となるだろう。前節では、現代社会の時間軸を通した子どもの自立について考えてきた。ここでは、国・地域・場所といった横軸を据えて、子どもの自立の状況について述べていきたい。

2-1　世界の子ども、日本の子ども

中学生の頃、テレビで「ひょっこりひょうたん島」（一九六四～六九年にＮＨＫで放映。井上ひさし、山元護久原作）をよく見ていた。ミュージカル仕立ての人形劇だ。大人になってもよく覚えているのは、「勉強なさい」という歌である。

子どもたち「勉強なさい　勉強なさい　大人は子どもに命令するよ　勉強なさい
偉くなるために　お金持ちになるために　あ～あ　あ～あ　そんなの聞き飽きた」
サンデー先生「いいえ　賢くなるためよ　男らしい男　女らしい女　人間らしい
人間　そうよ人間になるために　さあ勉強なさい」

「男らしい男、女らしい女」というフレーズには、抵抗感を持つ人もいるだろう。私自身、問題を含んでいると思う。いかにも一九六〇年代半ばの歌である。ジェンダー平

図5　世界の児童労働者数と子ども人口に占める割合の推移

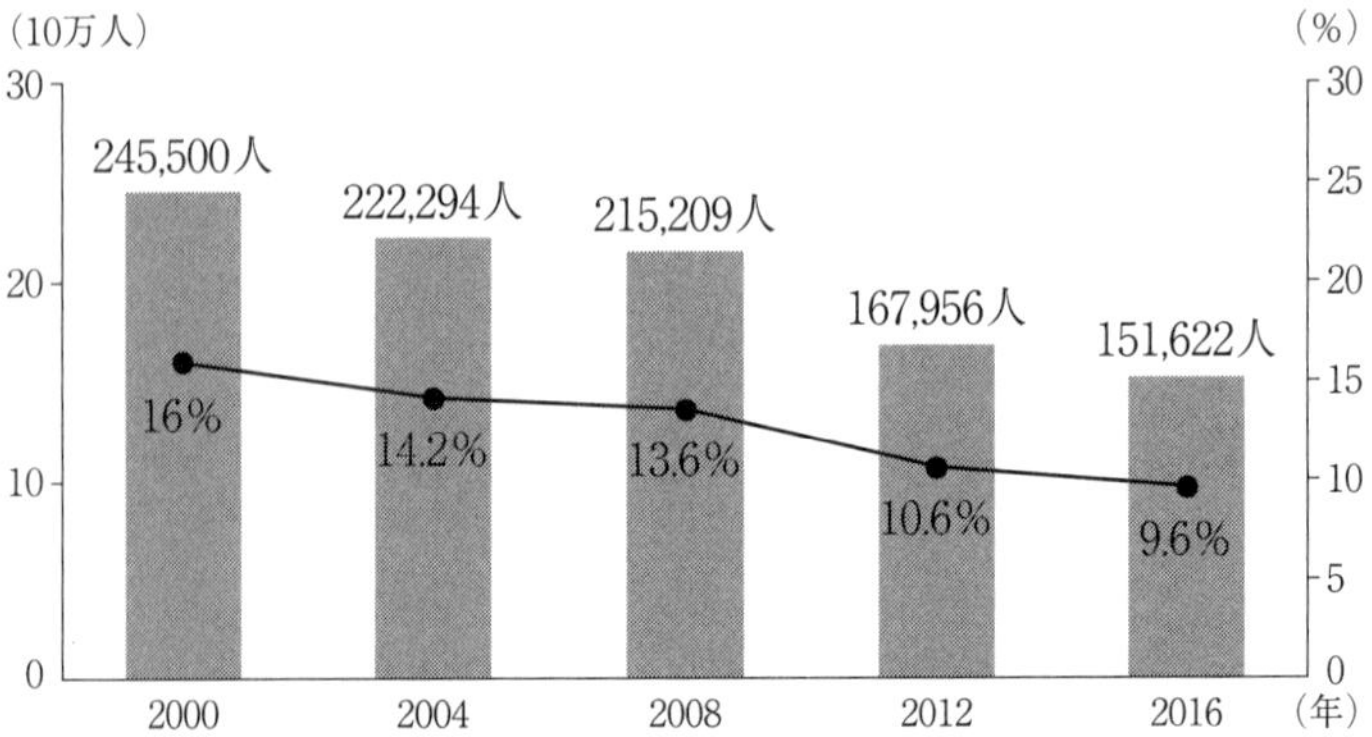

棒グラフ（左目盛）は児童労働者数、折れ線グラフ（右目盛）はその割合
出所）国際労働機関（ILO）“Global Estimates of Child Labour: Results and trends, 2012-2016”（2017年9月発表）

等という観点からは、この歌詞には問題があるだろう。

　さて、ここでのポイントは、その次の歌詞である。サンデー先生が、人間になるための勉強を説いている点なのだ。子どもは、「なぜ算数を勉強しないといけない？」と疑問を発する。それに対する明快な回答が示されているのだ。「人間になるために学校へ行く」。このきわめて重要な視点を「勉強なさい」という歌は示しているのである。

　ここで世界の子どもの様子に目を転じてみよう。図5に示したように、二〇一六年の時点でも世界の五〜一七歳の子どもの一〇人に一人が労働に従事している。経年的に見れば、児童労働者の人数も割合も減ってきている。それでも、児童労働はなくならない。このような実態は、決して見過ごすことのできないものである。

　児童労働のうち、約七割が農林水産業である。外国から輸入された農産物が、児童労働によるものかもしれないのだ。衣服の原料となる綿花栽培にも、児童労働が使われている。インドの綿花栽培では、労働者の二五パーセントが子どもである。できあがった布を縫製する仕事にも、児童労働が使われる。このように考えてみると、児童労働は私たちの日常生活から遠く離れた別世界のことではない。私たちにとって、ごく身近なことなのだ。そうした視点から、児童労働について考えてみることが重要である。

　児童労働に従事する子どもは、当然のことながら学校に通うことができない。学ぶ権利を奪われてしまっているのだ。わが国でも、明治時代以降、労働に従事する子どもはいた。日本においては「過去の出来事」が、世界の国々の中で、「現在の出来事」として起こっている。こうした世界の子どもの実態を意識することは、日本の子どもたちについて考えるときに大事である。問題を相対化してみることで、当たり前のことが持つ意味を深くとらえることができるからだ。

　学校に通えない子どもは、ほかにもいる。途上国の中では、水道がなく、遠い水辺まで水を汲《く》みに行かなければならない地域もある。そうしたときに、水汲みをさせられるのが、子どもなのだ。

学校へ行けないことで、子どもは文字や知識を体系的に学ぶ機会を失ってしまう。それは、人間らしく生きるための術《すべ》を身につけられないということだ。労働に従事する日々の中で、自分の世界を広げることもできない。人間的な自由を自らの手にすることもできないのだ。

「学校へ行くことは普通のことなのか」「なぜ学校に行くのか」。世界の子どもの現実を把握しつつ、その意味をあらためて問い直すことが求められている。

2-2 日本の学校、世界の学校

「学校で学んだことを全て忘れた時に、なお残っているもの。それこそが教育だ」。これは、理論物理学者アインシュタインが残した言葉である。知識は忘れても、人格に刻み込まれたものは永遠に続く。そんなことを指しているにちがいない。

学校というものは子どもにとって大きな意味を持っている。義務教育である小学校と中学校。その後の高校。それらを合わせると、一二年間にもなる。その年月は、多くのことを子どもの人格に刻み込んでいく。さらに大学まで含めると、一六年間になる。このことは、時間的に長いというだけではない。児童期・青年期は、人生の中で最も成長する時期である。そういう意味において、学校が子どもに与える影響は大きいといえる。

学校の本来的な機能は、子どもをしつけ、育てることである。しつけ（discipline）には、鍛錬や修養、その結果として獲得される抑制や自制という意味がある。日々の学習や活動を通じて、子どもはそうした力を身につけていく。

第1章でもふれたが、根本（一九八七）によれば、学校は公的組織的側面を持っている。公的組織的側面とは、学校におけるさまざまなきまりのことである。一つの授業の長さ、各学年で教える教科内容、教科ごとの授業時数など。これらは、学校教育法や学習指導要領で定められている。教科書も、出版社は違っても、その内容は、学習指導要領に準拠し、検定を受けたものである。全国各地、どこの学校でも、同じ教育内容が教えられる。学校ごとにも、いろいろなきまりがつくられている。服装や持ち物、登下校の仕方、給食や掃除など。これらのきまりに従って学校生活を送ることが、子どもたちには求められるのである。

その一方で、子どもたちはそれぞれの思いを抱きながら学校に通っている。勉強が好きな子どももいれば、友だちに会えるのが楽しみな子どももいる。教科の好き嫌いや得意不得意も、さまざまである。このような子どもの私的欲求は、時として、学校の公的組織的側面と対立する。一時間目は、国語の授業。大好きな物語の主人公になったような気分で、楽しく勉強する子ども。しかし、授業終了のチャイムがなれば休み時間。そして、二時間目は、苦手の算数だ。「いやだな」と思いながらも、算数の教科書を開き、先生の話を聞くことになる。中には、こんな気分を味わいながら教室に座っている子どももいるのである。

日本の学校教育制度は、全国津々浦々まで整っている。小学校や中学校が存在しないという地域は、離島などを除けばごくまれである。その一方で、日本の学校は、画一的である。どこの地域でもよく見られるカマボコ型の鉄筋コンクリートの校舎が、その典型だ。そうした画一的な学校教育をつくり出しているのが、文部科学省の学習指導要領や各種の通知である。それを根拠に、学校における公的組織的側面はますます強められていく。その結果、子どもたちの私的欲求は抑えつけられていくことになるのだ。

他方で、世界には多種多様な学校がある。井上（二〇一九）は、人口の半数以上がイスラム教徒である三七のイスラム国家を旅した。アポなしの訪問先は学校だ。現地の先生や子どもたちにインタビューし、その姿を写真に収めている。イスラム国家といっても、学校教育のありようは実に多様だ。義務教育の年限も異なる。授業も、月曜日から土曜日だったり、土曜日から木曜日までだったり。学校で教えられる必修の言語科目が、アラビア語以外の国も多数ある。学校での礼拝がない国もあるのだ。子どもたちの明るい笑顔と自信に満ちた言葉は、学校というものの本来的な意味をあらためて教えてくれる。

日本の学校だけが、学校ではない。そんな当たり前のことを、もう一度深く問い返していくこと。それが子どもの自立を考えるうえで、重要な意味を持つのである。

根本橘夫、一九八七年「学級集団の独自性からみた学級集団の規範、構造および風土」『心理科学』一一巻一号、一～一六頁
井上直也、二〇一九年『イスラム世界を訪ねて　目的地は、学校です』かもがわ出版

2-3　日本の文化、世界の文化

子どもたちは、マンガやアニメが好きだ。その代表的な一つが、テレビ番組の「ドラえもん」（藤子・F・不二雄原作）。これまで二世代、三世代にわたって視聴されてきている。

マンガやアニメは、海外の子どもや若者にも広く愛されている。外国の書店でも、マンガコーナーには、日本のマンガがたくさん並べられている。アニメでは、こんな経験をしたことがある。スイスの学会に出かけたときのことだ。ホテルの部屋で、朝起きぬけにテレビのスイッチを入れた。そのときに画面に登場したのが、「アルプスの少女ハイジ」。愛くるしいハイジは、日本語ではなくドイツ語を話していたのだった。

いまや、日本のマンガやアニメは、世界の文化になりつつある。世界の子どもたちが、マンガやアニメを通して、日本という国に関心を持ち始める。マンガやアニメが、日本を知るツールとなっているのだ。そんな時代がやってきている。

マンガやアニメは、子どもたちに大きな影響を与える。昨年来ブームになった「鬼滅の刃《やいば》」（吾峠呼世晴作）。コロナ禍のもとで映画が封切られると、多数の観客が押し寄せた。記録的な興行成績を収めたという。主人公たちが鬼との闘いの場面で発する「全集中」。この言葉によって、少年剣士の身体と心は鋼のように強くなる。ストーリー展開の中での山場の一つだ。この「全集中」、こんな話を聞いたことがある。予防接種を受けに来た幼児に対して、注射器を持ったお医者さんが一言、「全集中」。この言葉で、幼児はピッと身構えて、注射を受けるのだそうだ。

心理学者のバンデューラは、暴力的な場面を見せられた子どもでは、攻撃行動が増えることを示した。実際には、そんなに単純なメカニズムではないだろう。だが、マンガやアニメが与える影響は無視できないのは確かだ。そういった意味でも、子どもたちには豊かな文化を与えたいものである。

現代社会では、インターネットを通じて、マンガやアニメに接することもできる。そうやって、日本の文化が外国へと伝わっていく。それとは逆に、日本の子どもたちが海外の文化に触れる機会もある。インターネットが発達し、そうした機会は飛躍的に多くなっている。子どもが、実際に外国に行くことは難しいかもしれない。それでも、インターネットの情報を通して、海外の様子を知ることはできるのだ。そこには、異文化とのさまざまな出会いがある。

外国の子どもは、日本のマンガやアニメに魅了されている。その逆に、日本の子どもが外国の文化に興味を持つこともあるだろう。そうしたやりとりの中で、それぞれの国の文化が交流されていくのだ。その媒体となるのは、現代社会においては、主にインターネットである。

インターネットで使われるウェブ（web）という言葉。それには、網という意味がある。世界中に張り巡らされたインターネットの網の目。そこでは、日本と世界が直接的に結びついている。世界各国の子どもたちは、その網の目を通して、相互につながっているのだ。

デジタルネイティブと呼ばれる今日の子どもたち。パソコンやiPadやスマートフォンを自在に操ることも可能だ。そうしたツールを使えば、外国の文化にもすぐに手が届く。

互いの文化に触れ、互いの文化を知る機会はいくらでもあるのだ。異文化を知ることは、その裏返しとして、あらためて自分の国の文化のよさに気づくことでもある。自文化の問題点を認識することもあるだろう。そうした営みを通じて、子どもは自分の国の文化を相対的にとらえられるようになっていくのだ。

このように、子どもは自分の生活世界を広げていく。自分中心ではなく、他者の視点からも物事を考えられるようになっていく。子どもの自立という点から見ても、世界の文化を知ることは大切であるといえる。

2-4　グローバル社会と子ども

インターネットの網の目が、世界中に張り巡らされた現代。情報は瞬時に全世界を駆け巡る。それに比べると、昔はもっと時間を要していた。明治時代、若者たちは船に乗って外国へと出かけていった。彼らは、多くの国々の産業や教育、社会制度を見聞した。洋行帰りの彼らがもたらした情報は、文明開化を進める一つの力となった。その当時と現代を比較してみると、隔世の感がある。

インターネットに限らず、今は世界全体が緊密につながっている。私たちの生活に欠かせない食料。その食料は、国内だけでは賄いきれない。食料自給率は、年々下がっているのだ。図6に示したのは、農林水産省による食料自給率の年次推移の統計である。

図6　食料自給率の年次推移

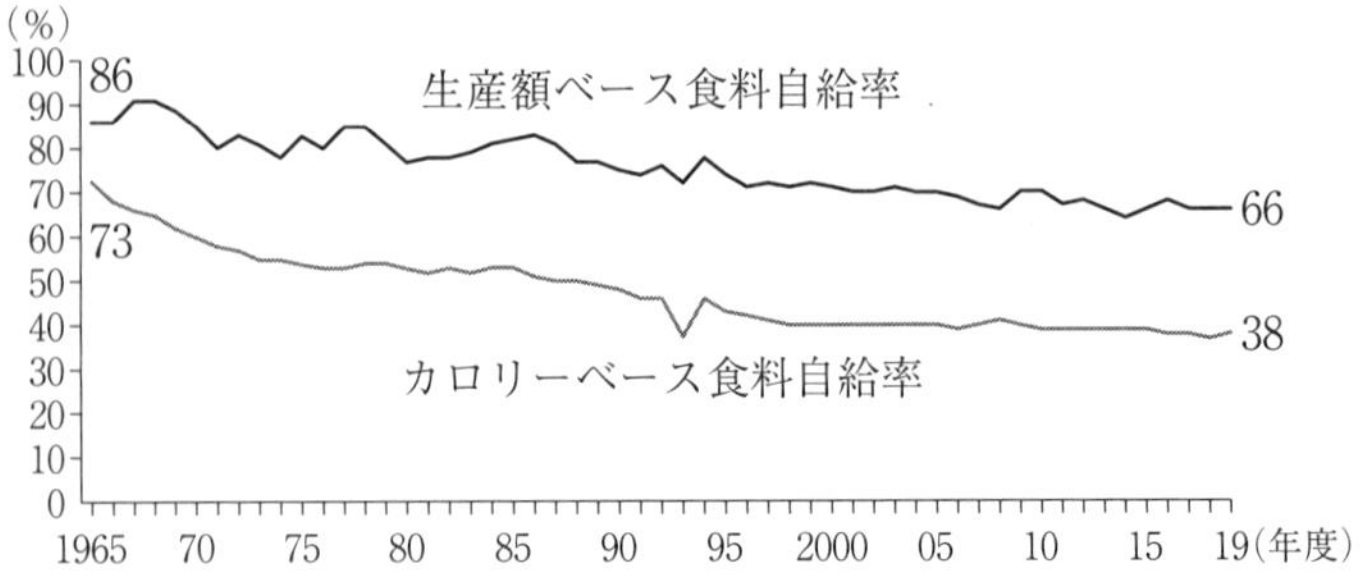

二〇一九年は、生産高ベースで六六パーセント、カロリーベースで三八パーセント。スーパーなどに行けば、多くの外国産の食材・食料品を目にする。国内産か、外国産か。そういうことを日常的に意識させられることになる。

すでに述べたように、日本は、第二次世界大戦後、ユニセフやララから食料援助を受けていた。今は、経済貿易という形で、海外の国々の食料を口にする。外国からの食料輸入抜きには、日本という国は成り立たないということなのだ。

このように世界の国々が、相互に結びつき互いに依存している現代。一つの国の状況は、他の国々に波及する。アメリカ合衆国で小麦が不作になれば、小麦の価格は上昇する。多くを輸入に頼っている日本では、パンの値段が上がったりする。値段は上がらないが、パンが小ぶりになったりする。こんなふうにして、次から次へと影響は広がっていく。

もっと小さなできごとが、他の国や地域に影響を及ぼすかもしれない。気象学者のエドワード・ローレンツは、ブラジルの一匹の蝶《ちょう》の羽ばたきがアメリカのテキサスで竜巻を引き起こすかもしれないと述べた。カオス理論によれば、小さな攪乱《かくらん》が大きな現象を引き起こすことがあり得るのだ。

現代社会のもう一つの特徴は、変化が激しいことである。ドッグイヤーという言葉を知っているだろうか。犬の寿命は、人間の七分の一ほど。犬の一年は、人間の七年にあたる。犬は人間よりも、七倍速いスピードで一生を過ごしている。このように、時間が素早く過ぎていくことをドッグイヤーと呼ぶのだ。

確かに、現代では何事も変化のスピードが早い。日進月歩ではなく、「分進時歩」で変化していくようにも感じる。新しく生み出されたものが、あっという間に古いものになってしまう。たとえ壊れていなくても、捨て去られていくのだ。子どもの遊び道具も同じだ。次から次へと、新しいゲームがつくられ、消費されていく。流行はピークも高いが、忘れ去られていくのも早い。

このように、世界の国が互いに関係し合いながら、変化し続けていく現代。子どもたちは、このグローバル社会の中で生きていくのだ。そこでは、次々に生み出されていく新しいものに適応していくことが求められる。パソコンやゲーム機を自在に操作して、使いこなしている子どもたち。その姿を見ていると、この社会で生きていく力を十分に備えているように思える。

他方で、昔から変わらずに受け継がれてきたものを大事にする。そうした姿勢も重要である。遊びでいえば、あやとりや折り紙、芸能でいえば、落語や歌舞伎。ほかにも、探せばもっといろいろなものがあるはずだ。こうした文化は、時代を超えて人々に受け入れられてきた。変わらないものが持つ意味を再認識することも忘れてはならない。

いつの時代も、若い力が社会を切り開いてきた。このグローバル社会において、世界の子どもや若者が力を合わせていくことが求められている。その可能性は、十分にあるといえるだろう。地球温暖化問題の弊害を発信し続けるスウェーデンの若き環境活動家グレタ・トゥンベリさん（二〇〇三年生まれ）。一〇代の時から、タリバンの人権侵害とたたかってきたパキスタンの人権活動家マララ・ユスフザイさん（一九九七年生まれ）。彼女たちの力強い発言は人々の共感を生み、世界を動かしてきている。

思っているだけでは、世の中は変わらない。考えを言葉にして他者に伝え、ともに活動していく。子どもに与えられている意見表明権。それを行使していくことは、子どもの身の回りを変えていく第一歩である。またそれは、子どもの自立への力強い一歩なのである。

2－5　社会の中での子どもの居場所

子どもにとっては、自分の生活圏が社会である。社会とは、他者とかかわり、活動を展開していく範囲を指すのだ。その中には、家族や学校のように、自分とのかかわりが強いものもある。日本などの国や世界のように、遠くにあると感じられるものもある。それらは、家族や学校、地域や日本、さらには世界と、重層的に連なっている。子どもは、身近な人との親密な人間関係を土台としながら、生活圏を広げていく。これらの生活圏は、子どもの発達を育んでいく環境なのである。

発達心理学者のブロンフェンブレンナー（一九九六）は、発達と環境との関係を、次の四つのシステムから検討している。

第一のマイクロシステムは、子どもが直接に経験する家庭や学校などの環境である。マイクロシステムの中で、子どもは日々活動している。

第二のメゾシステムは、複数のマイクロシステム同士の関係である。例えば、家庭と学校との関係が、これにあたる。家庭の経済的・文化的資源や親の教育観などは、学校への期待や進学先の学校選択などにかかわるだろう。

第三のエクソシステムは、マイクロシステムに間接的な影響を与えるものである。親の職場と学校との関係は、普段は関係性が見えない。だが、親のリストラによって、子どもの学業継続が困難になるかもしれない。そのようなときに、関係性が顕《あらわ》になってくるのだ。

第四のマクロシステムは、上記三つのシステムに一貫性を生じさせる信念システムであり、文化や慣習にもとづいている。学校という存在そのものが、教育基本法や学校教育法、学習指導要領などによって、規定されているのである。

このように、子どもの発達には、さまざまな環境が影響を及ぼしている。とりわけ、自分がそこにいると感じられる活動場面は、子どもにとって大切なものである。そこには、子どもを取り巻くさまざまな人たちがいる。大人もいれば、子どももいる。そうした多様な人々とのかかわりが、子どもにとってかけがえのないものになるのだ。

子どもは、そうやって、自分がそこにいると感じられる場所を見つけていく。そこにいれば居心地がよく、安心できる。それが子どもの居場所となる。居場所とは、そこから離れても、いつでも戻ってくることができる所だ。それが居場所なのである。子どもにとっての準拠点であり、自分の足場である。

そうやって自分の立ち位置がしっかりしていれば、容易に生活圏を広げていくことができる。そのときに必要なのが、自分の歩みを定める指針となる地図である。どの方向に歩いていけばよいのか。それを定めるには、自分が生きている大きな社会についての知識が必要となる。学校で学ぶさまざまな勉強。書籍やインターネットに掲載されている膨大な情報。学校の教師や親や大人から教えられること、自分で進んで学んでいくこと。それらを組み合わせ、地図をつくっていくことが求められるのである。

歴史上、かつてないような早さで変化していく現代社会。その中で生きていく子どもたちには、居場所と地図が欠かせない。それを手にすれば、子どもは今ここにある身近な社会から、大きな社会へと飛び立っていける。世界のさまざまな国の多様な人々と、かかわりを持ちながら、人生を送っていくことになるのだ。

U・ブロンフェンブレンナー（磯貝芳郎・福富護訳）、一九九六年『人間発達の生態学　発達心理学への挑戦』川島書店

2-6　地球人としての私

「地球は青かった」。これは、ガガーリンの言葉である。彼は、ソビエト連邦（当時）が打ち上げたボストーク一号に単身搭乗し、世界初の有人宇宙飛行をおこなった。そのとき、宇宙から見た地球について語った言葉だ。一九六一年四月一二日のことである。

それから六〇年。この地球は、青く美しいままであり続けているのだろうか。現状は厳しく、問題は山積している。その一つが、地球温暖化だ。シベリアの永久凍土が融けて、マンモスの遺体が出てきたという。ヒマラヤ氷河がとけ崩れて、周辺住民に大きな被害をもたらしている。南極やグリーンランドの氷柱の融解も、深刻な状況にある。それに加えて、気温の上昇にともなう海水の膨張の問題もある。気象庁によれば、それらの影響で、世界平均海面水位は、一年間で一・八ミリ（±〇・五ミリ）ずつ上昇しているという。さらには、化石燃料の使用に頼った産業や生活が、オゾン層の破壊を引き起こしている。

これらのことが複合的に関与してのことだろう。最近は、かつて私たちが経験したことのないような自然災害が頻発している。強烈な台風や大雨、規模の大きな地震。日本だけでなく、世界のさまざまな地域で、毎年のように起こっている。そのために、多くの被害が生じている。産業・経済優先の自然破壊の進行が、地球の生態系に深刻な影響を与え、自然災害の遠因となっているのだ。このような自然災害は、人間による乱開発や産業振興のつけが、回りまわってきたものともいえる。二〇一九年から世界的な感染拡大が続いている新型コロナウィルス（COVID-19)。感染拡大の背景に、環境破壊や乱開発による生態系の変質が影響しているとの指摘もある。相次ぐ自然災害も新型コロナウィルス感染拡大も、ある意味では「人災」ということができるかもしれない。大きな警鐘として受け止めることが求められているといえよう。

この間、私たちは、便利で快適な生活を享受してきた。産業や交通、通信や流通の目覚ましい進歩が、それを保障してきた。より早く、より効率的に。より便利で、より簡単な。消費社会は、そうした考えのもとに進められてきたのだ。

その一方で、私たちは自然からの「挑戦状」を突き付けられている。目の前の現状にしっかりと目を向け、何をなすべきかを考えることが求められている。水の惑星と呼ばれる、この地球。そこに住む人々の幸せと生活を守るために何ができるのか。私たちに必要なのは、そのような大きな視点から物事をとらえることなのだ。

そうした点からみると、この地球には解決すべき問題はほかにもある。戦争や内紛が絶えない地域がある。多数の子どもや若者、大人が犠牲になっている。先進国と途上国との間には、格差が存在している。途上国では、児童労働がなくならない。

そのような中で、大切なことは何か。それは、他者の暮らしや生き方に思いをはせることだ。この地球には、約八〇億人が生きている。その全体をイメージすることは難しい。『世界がもし一〇〇人の村だったら』（池田香代子再話、C・ダグラス・ラミス対訳）は、地球に住む人を一〇〇人として、その多様性や違いを表現している。性別や年齢、人種や言語、教育歴や財産など。さまざまな点で異なる人々が、この地球に暮らしている。地球全体を俯瞰《ふかん》して、全体像を明確にし、自分というものを相対的にとらえる。そういったことが大事だと、あらためて気づくことができるのだ。他者と自分との関係を考え直すきっかけとなるのである。このようにして、まだ見ぬ他者を意識し、思いをはせるようになるのだ。

新自由主義的な考え方が、広まっている現代社会。市場原理を唯一無二の原則として、経済活動を最優先した国家政策が取られている。消費税増税の一方で、大企業減税の政策。医療や福祉、社会保障の水準は切り下げられ、国民のいのちと暮らしが脅かされてきた。ルールなき競争的な経済活動の推進は、貧困や格差拡大を招き、地球の環境破壊をもたらした。その根本にあるのは、「後は野となれ山となれ」「我亡き後に洪水は来たれ」という考え方だ。自分勝手で、自分本位。強い者だけが生き残り、弱い者は切り捨てられる社会。そうした新自由主義の「思想」では、もはや済まないのである。

次世代を担う子どもたちに、どのような未来を残してやれるのか。今日、明日のことだけでなく、一〇年後、二〇年後、五〇年後のことまでを考える。そうした広い視点が求められている。山本有三の『米百俵』は、そのことの重要性について、史実に基づいて戯曲にしたものである。既に第1章でも述べたように、明治維新後に窮地に陥った長岡藩は、支援を受けた米一〇〇俵を売却し、それを元手に国漢学校を建設した。そこで学ぶ子どもたちが、明日を担う存在に育っていくと信じたからだ。

教育という営みは、子どもたちに未来を託すことだ。地球の明るい未来を子どもたちに贈ること。そのことは、大人にとって重要な仕事である。ともすれば、私たちは日々の生活に追われ、ゆっくりと考えることを忘れがちである。変化のスピードが速いだけに、それに追いついていくのに必死になってしまう。そういったときに必要なのは、いったん立ち止まってみることだ。じっくりと子どもの未来について考えてみるのだ。果たして、大人は子どもに何を手渡すことができるのだろうかと、自問自答してみるのだ。

自信を持って、子どもに手渡すことができるのだろうか。
大人が自分の声を上げ、行動することが、子どもの自立の歩みを支えていく。当たり前で、変わらないと思い込んでいたことも、みんなの意見を合わせていけば、変わっていく。そんなふうに行動する大人の後ろ姿を、子どもたちは見て育つ。子どもの自立は、大人の自立の問題でもあるといえるのだ。

池田香代子（C・ダグラス・ラミス対訳）、二〇〇一年『世界がもし一〇〇人の村だったら』マガジンハウス

第2章のまとめ

本章では、社会の中で生きる子どもたちの意識や行動の特徴について述べてきた。科学や技術の進歩によって、社会は大きく変わってきている。その変化は、私たちの生活や意識に影響を及ぼしてきた。「子どもは時代の空気を吸って生きている」。目には見え

ない空気。それを意識せずに吸い込み、肺に取り入れる。それが血管を通じて、身体全体に駆け巡っていくのだ。当たり前のように感じてしまう、その空気。それが、いったいどんなものなのかを、突き詰めて考えることが求められているのだ。

現代という社会を生きている子どもたち。インターネットの網の目が世界中に張り巡らされている社会。世界中の人々が、つながることのできる社会が、いまここにある。「地球は一つ」という標語そのもののように見える現代社会。その一方で、先進国と途上国の格差は、存在し続けている。学校にも行けず、労働に従事する子どもは少なくない。

いまの日本社会で生きる子どもたち。整備された学校制度、身の回りに溢《あふ》れる商品、数々の電化製品。快適で、便利で、何不自由ない生活が、普遍的にあるように思える日本社会。その一方で、経済的貧困や格差に苦しむ子どもたちは、その数を増している。学校に行けない子ども、行かない子ども減少する兆しはない。

現代という時代をあらためて問い直してみることが重要である。当たり前だと思っていることが、本当にそうなのか。「はたして、そうなのだろうか」と、疑問を持ち、違う視点から考えてみる。それが、子どもの自立を支える力となるのだ。

第3章　自立した人間として生きる

「人」という漢字の成り立ちは、横向きに立った様子をかたどった象形文字である。人間が自立している姿を表しているのだ。

小さい頃の人間は、どうだろうか。生まれたばかりの赤ちゃんは、自分で思うように身体を動かすこともできない。大人による養育が不可欠なのだ。寝返り、ずり這《は》い、高這い、よちよち歩き。立って歩けるようになるのには、一年ほどかかる。こうやって自立への道の第一歩が始まる。

このような身体的な自立の後に来るのが、精神的な自立だ。これには、さらに長い時間を要する。幼児期・児童期・青年期と、自立への道のりは続く。それは、大人になるということでもある。現代社会において、その終着点は遠い。精神科医の笠原（一九七七）は、日本の青年期が三〇歳まで延長していると述べた。その主張から、既に四〇年以上が過ぎている。現代社会においては、自立への道のりは、さらに複雑なものになっている。一直線に進むようなものではないのである。

子どもから青年へ、そして大人へ。この自立の過程は、大きな発達的変化が生じる時期である。青年心理学では、「疾風《しっぷう》怒濤《どとう》の時代」と形容された。荒れた海原を漂う小舟。

そうした孤独なイメージが思い浮かぶ。だが、決して一人で進んでいくわけではない。自立の過程では、多くの他者と出会う機会があるのだ。憧れたり、反発したり、好きになったり、不安に感じたり。さまざまな感情を抱きながら、他者とかかわっていくのである。決して、一人で自立していくのではないのだ。

自立とは、他者との関係性の網の目の中において成立するものである。他者と切り離された自己の自立というものはあり得ない。それは自立ではなく、孤立でしかない。他者とのかかわりにおいて、わずらわしさを感じることもあるだろう。他者から、離れたいと思うこともあるかもしれない。逆に、他者に頼りたいと思ったり、力を借りたいと思ったりすることもあるだろう。自立とは、一人で立つことではなく、他者と共に立つということなのだ。

本章では、自立について、他者との関係性に焦点を当てて述べていく。他者とのかかわりを通じて、自立と依存はどのように絡み合って展開していくのか。自立と依存は、二律背反のものなのか。子どもと親、子どもと友人、子どもと重要な他者。こうしたさまざまな関係において生じる自立の問題を考えていきたい。

笠原嘉、一九七七年『青年期　精神病理学から』中央公論社

1　他者と共に生きる

「同じ釜の飯を食う」という言葉がある。それは、他者と体験を共有することである。同じ体験をすることで、互いの絆《きずな》は強まっていく。特に、多感な子どもの頃の体験は、心の中にいつまでもずっと残るものだ。

例えば、中学校や高校の時の修学旅行で撮影された、クラスメートや友人と一緒に写っている写真を見る。そうすると、その当時の気持ちがよみがえってくる。さらに、学校時代の断片的なシーンが、次々に思い出されてくる。彼らと一緒に過ごした時間は、いつまでも消えない。心の中に残り続けるのだ。

一つの教室で一緒に学ぶ。合唱コンクールや運動会。学校では、誰かと活動をともにする機会が、さまざまな形で用意されている。そうした活動を通じて、子どもたちは共同や協同の大切さを肌で学んでいくのだ。

「同じ釜の飯を食う」。このことの大切さは、家族においても同様である。家族が一緒に食事をする家族団らんの時間。それが失われると、どのようなことになるか。

単身赴任は、今ではありふれたものになった。数年間、父親が単身赴任していた人から、こんなことを聞いた。互いが離れていた年月を取り戻して、元のような関係になるのには、ずいぶんと時間がかかったのだそうだ。

家族は、子どもにとって大切な他者である。森田芳光監督、松田優作主演の「家族ゲーム」（一九八三年公開）。その中に登場する家族が、横並びに座っている食事シーンである。そのシーンは、家族が互いに別々の方向を見ていることの象徴だ。それでも、映画に登場する沼田家は、一緒の場所で食事をしている。

もっと別の家族も存在する。それぞれ自分の部屋を持ち、各自で食べたい物を食べたい時間に食べる。まるでホテルで暮らしているような感じの家族。そんな「ホテル家族」には、共同や共有の感覚は生まれない。

友人や家族。子どもにとって重要な他者は、どのような存在として立ち現れているのか。他者とともに生きることの意味ついて、考えていこう。

1―1 親からの自立

小学生の頃、夏休みが終わりに近づくと憂鬱《ゆううつ》になった。宿題が山のように残っていたからだ。図工の課題など、母親に手伝ってもらっていた。中学生になってすぐに、英語の宿題が出された。アルファベット二六文字を三回書いてくるというものだった。母親に手伝ってもらうわけにもいかない。夜遅くまでかかって、ようやく終えることができた。「中学生になると、自分ひとりでやらないといけないのだ」と強く感じた。自分の背丈が、母親の身長を超えた頃のことである。

子どもは、親に頼って生きている。物質的にも、精神的にも、親がかりの時期が続く。幼児や小学校低学年では、親に甘えて、親に依存するのが当たり前だ。親や先生の言うことは正しくて、言いつけに従って行動する。その頃の子どもは、従順で、素直である。

小学校の高学年にもなると、少しずつ様子が変わってくる。親が選んだお仕着せの服では飽き足らなくなる。自分で選んだ好みの服を着たがるようになるのだ。親に何でも素直に話していたのが、ふいにプイっと怒って口も利かなくなったりする。親と一緒に歩いているのを見られると恥ずかしいからと、親に誘われても行こうともしない。これらのことは、子どもが精神的に自立し始めた兆候なのだ。心理的離乳の始まりである。

親からすると、今までとは違った子どもの姿に戸惑いを感じることもあるだろう。子どもがだんだんと遠く離れていく。そんなふうに思うかもしれない。だが、発達的に見れば、こうした状況は健全な成長を示しているのだ。

子どもが親離れしていくときには、親の方も子離れしていくことが求められる。もともと、親と子は別々の存在であり、互いの世界を生きていくものなのだ。子どもは親に反抗することで成長していく。時には、わが子が憎まれ口を利くかもしれない。「くそばばあ」「くそじじい」と罵声《ばせい》を投げかけられるかもしれない。第二反抗期と呼ばれるような時期には、このような態度や言動も珍しくない。そのときには、親自身が自分の子ども時代を思い出してみるのがよい。もしかすると、「同じようなことが繰り返されている」と気づくかもしれないからだ。親と子の間の葛藤《かっとう》は、普遍的な問題なのである。

このように親から次第に独立していく子どもにとって、拠りどころになるのが友人である。映画「スタンド・バイ・ミー」（一九八六年公開、スティーヴン・キング原作、ロブ・ライナー監督）は、一二歳の少年四人の物語だ。性格も風貌も異なる少年たちは、仲良く四人で行動する。秘密の隠れ家で煙草を吸ったりもする。映画では、一夏の冒険《ぼうけん》譚《たん》と少年たちの友情が描かれている。友人とは、いつも自分の傍らに立っているかけがえのない存在なのだ。

この四人の少年たちは、まさしくギャングエイジを生きている。数人の仲の良い友人が集まって徒党を組み、集団で行動する。自分たちのグループを他のグループとは一線を画したものとみなす。自分たちだけの約束事やきまりを守ることを大切にする。時には、ちょっとした逸脱行動をおこなったりもする。このようなギャングエイジは、一つの小さな社会である。仲間集団の中で活動することは、大きな社会に出る前の予行演習のようなものだ。実社会に出れば、さまざまな規範にもとづく行動が求められる。仲間と一緒の生活を通じて、子どもは社会でのふるまいについて学んでいくのだ。その意味で、ギャングエイジは社会化の作用を果たしているともいえる。

自立への区切りを社会的に祝う。そうした動きも、最近活発である。各地で、「二分の一成人式」や「立志式」が開かれている。児童小説においても、自立のテーマが描かれている。角野栄子の『魔女の宅急便』は、少女の物語だ。魔女の世界では、一三歳になると見知らぬ土地で一年間暮らさないといけないというきまりがある。一三歳になった魔女のキキは、相棒の黒猫ジジと一緒に、親元を離れる。たどりついたコリコという町で、キキの新しい生活が始まる。いろいろなできごとを経験しながら、キキは成長していくのである。

日本でいえば、一三歳は中学一年生だ。児童から生徒へという呼称だけでなく、子どもは中学生らしさを求められる。中学への進学は、まだ体験したことのない世界へと入っていくことである。不安や期待を持ちながら、子どもはその一歩を踏み出すのだ。

親に依存して生きていた子どもは、次第に親から離れて自立していく。そして、自らの行動を律する自律を遂げていく。その道のりは、平坦ではない。ある時には、後戻りすることもあるかもしれない。その歩みを支えるのは、親であり、また友人なのである。

角野栄子、一九八五年『魔女の宅急便』福音館書店

1—2　自己評価よりも他者評価

「子どもは親の背中を見て育つ」といわれている。一生懸命に頑張っている親の後ろ

姿を見て、子どもは育つものなのだ。

人は、自分の後ろ姿を、自分の目で直接に見ることはできない。三面鏡に映したり、写真に撮ったりして、後ろ姿を確かめられる。だが、それは、あくまでも間接的に見たものでしかない。自分には直接は見えない部分がある。そうした制約を持ちながら、私たちは生きている。

その時に頼りになるのが、自分の身近にいる他者の存在である。子どもにとっては、親であり、教師であり、大人である。

自分で、自分自身について判断するのは難しいものだ。自己評価は、常に揺らいだ部分を含んでいる。自分には、どのような適性があるのか。自分には、どういう長所があり、短所があるのか。そういったことについて、適切に自己評価するのは、容易なことではない。自分と他者を比較しながら、子どもは自己評価を定めていくのである。

フランスの心理学者ザゾ（一九七四）は、六〜一三歳の子どもの自己評価を検討している。低年齢では、大きいという価値づけや知識・能力などを理由として挙げる者が多い。年齢が上がるにつれて、自由や権威、自分に対する責任などの理由が増えてくる。自己評価の基準は、年齢にともない具体的なものから抽象的なものへと変化していくのである。

このような発達的な変化によって、自己評価は次第に正確さを増していく。自分と他人を比べる物差しも、だんだんと精緻《せいち》なものになっていく。その結果、自分に対する自信が失われていくことがある。

都筑（二〇〇五）は、小学四年生から中学三年生にかけて、自尊感情が低下していくことを示した。この結果は、一見するとネガティブなものを示していると考えられがちである。だが、その背後には、子どもの認識能力の発達が存在している。それによって、正確な自己評価が可能になるのだ。自尊感情の低下は、順調な発達がもたらした帰結だともいえるだろう。

こんなふうに、児童期から青年期にかけて、子どもは少し自信をなくしかけていく。そのときに、他者から認められるという経験はとても重要なものになる。

「仕事は忙しい人に頼め」という鉄則がある。誰かに何かを頼むときに、闇雲にやってもダメである。頼んだら、仕事をきちんとしてくれそうな人を見きわめることが肝心なのだ。他者から何かを頼まれたとき、「なぜ、私に?」という疑問が浮かぶかもしれない。でも大丈夫。頼んだ人は、あなたのことをしっかりと見て、評価してくれているのだ。だから、あなたに頼んでいるのである。自己評価よりも他者評価の方が、数倍も正確である。他者評価によって、子どもの隠れた適性や能力が見いだされることがあるのだ。

教育という営みは、そうした他者評価によって、子どもの適性や能力を発見していくことである。学校における教育。家庭における教育。そして、地域における教育。そこに求められるのは、子どもにとって重要な他者である。重要な他者からの子どもに対する適切な評価は、子どもの発達を促すものになる。子どもは、重要な他者からの評価を大事に受け止め、自己形成の源とするのだ。平石（一九九三）は、重要な他者（親、友人、周囲の人）から評価されることが、青年の自己肯定性の強さと関連していることを示している。重要な他者とは、自分を映し出す鏡なのである。

子どもは他者評価を手がかりにして、自立の道を歩んでいく。ときには、不安や悩みに押しつぶされそうになる。自己嫌悪に陥りそうにもなる。そのときに、子どもをしっかりと見つめ評価してあげることが、何よりも大事なのである。

平石賢二、一九九三年「青年期における自己意識の発達に関する研究（Ⅱ）重要な他者からの評価との関連」『名古屋大学教育学部紀要（教育心理学編）』四〇巻、九九～一二五頁
都筑学、二〇〇五年「小学校から中学校にかけての子どもの『自己』の形成」『心理科学』二五巻二号、一～一〇頁

R・ザゾ（久保田正人・塚野州一訳）、一九七四年『学童の生長と発達』明治図書出版

1-3　責任と応答

小学生の頃、父と将棋をよくやった。といっても、本将棋ではなく、はさみ将棋である。ルールは、次の通りだ。九枚の駒を自分の陣地の一番下に横一列に並べる。一度に、一つの駒を縦方向か横方向に動かすことができる。相手と自分が交互に駒を動かし、味方の駒二枚で相手の駒をタテかヨコにはさんで取る。自分か相手の駒が全部なくなったら終了。小学生の私にもわかる簡単なルールだ。勝負はといえば、いつも私の負けだった。父は、手加減をしなかった。それでも私は、父との勝負を続けた。それはなぜだったのか。それはきっと、父に遊んでもらえるのが楽しかったからだろう。

大人が、子どもと遊ぶというのは、案外と難しいことだ。大人が本気になってもいけないし、気を抜いてもいけない。子どもに対して、ほどよい加減に力を抜いて遊ぶことが必要だからだ。大人が本気になれば、子どもは決してかなわない。大人と子どもの実

力差は歴然としているからだ。大人が気を抜けば、子どもは面白くなくなってしまう。大人が力を抜いて、負けようとしていることを見抜いてしまうからだ。

子どもと接するときには、この手加減の具合が大切なのである。手を抜かな過ぎてもダメだし、手を抜きすぎてもダメ。ちょうどいい頃合いを見計らわなければならない。そうした絶妙の呼吸は、大人が何度も繰り返しながら習得していくしかない。

子どもの発した言葉に、大人がどのようにこたえるのか。その阿吽《あうん》の呼吸もまた同じようなものである。大正解の応答をするのは、難しい。大人と子どもの関係において、お互いの言葉に、どうこたえればよいのか。それは、その場、その時によって、微妙に異なるものとなる。

そこに共通することは、相手の発する言葉に対する構えだ。相手の言葉をしっかりと受け止めて、それにこたえるのか。あるいは、相手の言葉を聞き流してしまうのか。両者の間には、大きなちがいがある。

自分と相手との言葉のやり取りは、ピンポンのようなものともいえる。相手に対して球を打ち、それを相手が打ち返す。それをまた、自分が打って、相手がまた打ち返す。そうしたやりとりが続くことで、自分と相手の心の距離が次第に近づいて来る。

相手が取れないような場所に球を打ち返せば、それで終了。相手とのやりとりは、そこまでとなる。勝負であれば、それでもよいが、大人と子どもとの関係では、それでは済まない。いつまでも続くラリーが、大人と子どもとの間では重要なのである。

そこで求められるのは、子どもと大人との間に繰り広げられる応答である。応答（response）は、責任（responsibility）と同じ語源を持つ。相手の打った球を相手が打ち返せるような場所に打ち返す。そうした責任をもった行為のもとに、自分と相手のやりとりが続いていくのだ。相手に勝とうと思えば、相手が打ち返せそうにもないところにスマッシュを打てばよい。相手とのラリーを楽しみたければ、相手が打ち返せる所めがけて、球を返せばよいのだ。

応答とは、相手に対して誠実に対応することである。子どもたちは、自分に対して真《しん》摯《し》に対応してくれる大人を信じる。それは、自分の人生に対して、ともに責任を持ってくれる存在だと感じるからだ。

子どもは、自分に対して真剣に応答してくれる大人に全幅の信頼を寄せるだろう。そうした大人は、子どもの自立に対して、責任を引き受けてくれる存在であるからだ。子どもの側にも、応答してくれる大人に対して、まっすぐに向き合う責任がある、そうした大人と子どもとの間には、お互いの気持ちを思いやる関係性がある。そのような互いの責任を意識した応答的な関係が、子どもの自立への歩みには重要な役割を果たすといえるだろう。

1-4 依存と自立

言葉の意味は、時代とともに変化していく。「情けは人のためならず」。現代社会では、人に親切にするのはその人のためにならない、という理解が多数派を占めるという。だが、このようなとらえ方は誤りである。本来の意味は、人に親切にすれば、その相手のためになるだけでなく、やがてはよい報いとなって自分に戻ってくるということである(『デジタル大辞泉』小学館)。自分と相手との間に存在する、情けをめぐる循環的な関係を指し示す言葉なのである。

この言葉は、子どもと親の関係にもあてはまる。子どもは、小さければ小さいほど、誰かに頼って生きていくしかない。子どもは、衣食住、生活のほとんどを親に依存している。親の側は、子どもに愛情を注ぎ、子どもを育てていく。それは、何らかの見返りを期待してのことではない。親は、純粋に子どもに「情け」をかけるのだ。

見返りを求めない無償の愛とでもいえるだろうか。それが、いつの日か巡り巡って、親のところに戻ってくるのだ。また、目の前の子どもと接する中で、子どもと一緒に親も成長していく。そうした相互関係も存在している。子育てとは、そういった循環から成り立っているものだといえるだろう。その循環がまた、世代を超えて繰り返されて、次の子育てへとつながっていくのだ。

愛情を注がれた子どもは、親に全幅の信頼を寄せる。他者への信頼感は、自分への信頼感へとつながっていく。児童精神科医のE・H・エリクソン（一九七三）は、乳児期における基本的信頼感の獲得が、希望という人格的な力の基礎にあると述べた。信頼感は、未来に向かって私たちが進んでいくとき、その歩みを支えてくれるのだ。乳児期に限らず、人間の人生において、信頼感は人間関係の根本を成すものなのである。

いざというときに、誰かに頼ってもよい。そんなふうに考えることができれば、何事にも恐れる必要はない。自分が困ったときには、誰かがきっと助けてくれると思えるからだ。自分ひとりでやれることには、限度がある。誰かと一緒になってやっていけるのも、他者への信頼感があればこそだ。

自立の過程で、子どもは多くの困難に遭遇する。そのときに、子どもは周囲の人に助けてもらうことになる。信頼できる他者に支えられながら、子どもは自立していくのだ。

子どもの側から見れば、必要な時に周囲の他者に頼るということだ。頼りがいのある大人は、自立の歩みにとって、力強い味方になるのである。

ときには、子どもの方が親や大人を助けることがあるかもしれない。困っているときは、お互いさまだ。そこでは、年齢の差は関係ない。二つの異なる人格が、互いに相手に向き合って、真剣に応答しているのだから。

自立とは自分で立つことだが、自分ひとりで立つことではない。誰かに支えられ、助けられながら立つ。これが、自立というものの本質なのだ。その意味で、自立と依存は矛盾しない。自立と依存は、同時に存在し、相互作用し合っているものなのだ。

自立の目的は、何でもひとりでやれるようになることではない。他の誰かと協力し合い、共同で成し遂げていくこと。そうした活動をスムーズに実行できるのは、自立した個人の集団である。人間は、一人ひとりが個性も能力も、興味も関心も異なっている。そうした多様な人々が集まって、互いに補い合って活動する。それが、自立の本来の姿ではないだろうか。

自立への道を進んでいる子どもたち。ときには、誰かに依存するのも悪くない。助けを借りるのもよいだろう。だが、相手に完全に頼り切って、依存しっぱなしになってはいけない。そこには、自立した個人同士の対等の関係は存在しない。支配と服従のような、一方的な関係でしかないのだから。
自立と依存。この二つを切り離さずにとらえることで、子どもは他者と一緒に自立の道を進んでいける。一人ぼっちで孤独に歩むよりも、他者とともに歩む方が、自立は確かなものになる。信頼できる他者の輪を広げていくことは、子どもの自立を支える重要なものとなるのである。

E・H・エリクソン（小此木啓吾訳）、一九七三年『自我同一性　アイデンティティとライフ・サイクル』誠信書房

1－5　私と私たち

E・H・エリクソンは、アイデンティティの概念を提唱したことで広く知られている。アイデンティティとは、自分が何者であるのかという意識のことだ。自分が何者なのかと問われて、それに対して答えることは容易ではない。私が自分のことをよく知ってい

るとは、必ずしも限らないからだ。

私とは、いまここにいる存在である。そのことは感覚的には、よくわかる。自分の手、自分の足、自分が見ている物。それらは、目の前にある。自分の経験した世界が積み重なっていき、アイデンティティをつくり上げていく。

私の目の前にいる他者も、同じようにアイデンティティを持っている。自分のアイデンティティと他者のアイデンティティ。両者には、共通する部分と独自の部分がある。重なり合いながらも、独立した別個のものなのである。

自分の世界が、他者とどのように共有されているのか。そういった問いを投げかけられたとき、思わず答えに窮してしまう。私と他者は、どのようにつながっているのだろうか。その問いに答えるためには、何らかの座標軸が必要である。

私と他者は、人類としての共通性を有している。人種や年齢、性別など、さまざまな点で異なっていても、私たちは同じ人類なのだ。同じ人類として、この地球上に暮らし、生活を営んでいるのである。これが、人生における座標軸だ。それを手がかりにして、子どもは自立の道を歩んでいくのである。

このように、私は私たちの中に含まれている。私の姿は、私たちの姿に映し出されているのだ。図7は、スナイダー（一九九四）の“The Psychology of Hope”（希望の心理

図7　私（me）と私たち（we）

出所）Snyder (1994)

学）（邦訳書なし）という本にあったものである。私（me）と私たち（we）は、真ん中で折るとぴったりと重なる。私は私たちであり、私たちは私なのだ。私の希望は私たちの希望であり、私たちの希望は私の希望なのである。

エリクソンは、ヨーロッパからアメリカに渡り、臨床と研究に従事した。自らの理論を構築する上で、アメリカ先住民族の思想から多くのことを学んだという。ロウの『アメリカ・インディアンの書物よりも賢い言葉』は、彼らの残した言葉をまとめたものだ。その中から、ソーク族の格言を紹介しよう。

私の前を歩くな、私が従うとは限らない。
私の後を歩くな、私が導くとは限らない。
私と共に歩け、私たちはひとつなのだから。

現代社会に生き、自立していこうとする子どもたち。それを支える大人たち。両者は、この地球に共に生きる仲間である。私たちは、ひとつの存在なのである。

C.R. Snyder, 1994, "The Psychology of Hope: You Can Get Here from There" New York: The Free Press
エリコ・ロウ、二〇〇一年『アメリカ・インディアンの書物よりも賢い言葉』扶桑社文庫

2　未来をめざして生きる

私たちは、過去・現在・未来という時間の流れの中で生きている。こんなこともしたかった、あんなこともしたかった。そう思ってみても、過ぎ去った時間を元に巻き戻すことはできない。未来の社会は、どんなふうになるのだろうか。それを想像することはできても、その通りになるとは限らない。思いもしなかったことになってしまう。そういうことの方が多いかもしれない。

現代社会は、変化の激しい社会である。先行きが見えない社会だともいわれる。そうした社会の中で、子どもたちは、いまから未来へと生きていかなければならない。

その子どもたちは、一人ひとりが違っている。誰一人として、同じ人間は存在しない。世の中では、「個性的」という言葉がよく使われている。他の誰かとは大きく違った目立つ特徴を持つ人に対して、「個性的」だと形容する。だが、その言葉の使い方は間違っている。

個性（individuality）とは、個人（individual）から派生した単語である。individual は、in（否定）＋ dividu（分割できる）＋ al（性質）から構成されている。これ以上、分割できない性質を持ったものという意味だ。個人とは、これ以上分割できない最小単位のことを指すのである。

私の手は、私のものであるが、私から切り離されたら、私のものではなくなる。身体と心から成り立つ、この私こそが個人なのである。その個人としての私が有している抽象的な性質を指して個性という。そうしてみると、私とは個性そのものなのだ。すべての人が、私以外の個人とは区別される個性の持ち主なのである。

一人ひとりの子どもは、他の誰とも代替えすることができない存在である。だから、子どもが学習する権利、生活する権利を保障することが大事なのだ。子どもは、一人ひとりが個性として生きている。一人ひとりの個性は多様であり、誰一人として同じ人間はいない。多様性と差異性を持つ人間。その人間がどんなに頑張ったとしても、一人でやれることには限度がある。互いに協力しながら、互いに補い合いながら、生きていくことが求められるのだ。

子どもたちが進んでいこうとする未来は、いまとは異なる社会になるのであろう。地球上に暮らす私たちが、どのように手を携えていけばよいのか。自分と他者が切り開く未来について考えてみたい。

2-1　未来とは何か

「未来が見えたらいいな」。そんなふうに考えることが、たまにある。未来を予知できれば、危険や災いを避けることができるだろう。未来に向けて準備しておけば、必ずよい結果を得ることができるだろう。そう思ったとしても、それは無理である。

家に電話も風呂もなかった私の子ども時代。その頃には、一人ひとりが電話を携帯し、家の風呂に入る生活を予想すらできなかった。技術革新は、私たちの未来を確実に変えていく。その速いスピードに、私たちは未来の生活を予想することさえ難しい。

未来とは、まだ来ない先のことだ。一〇年後、二〇年後の先まで見通すことはできない。誰も未来のことをわかりはしないのだ。もしわかったとしたら、そのような生活は、きっと面白くも何ともないものだろう。わかりきった日常が、ただただ続くだけだ。何が起きるのかが前もってわかっている。それを確認するだけの日々が続くのである。そんな味気ない人生を送りたいとは、誰も思わないだろう。

未来とは、見えないものである。何が起きるか、わからないものである。わからないからこそ、私たちは未来をめざして生きていける。わからないからこそ、他者と手をつなぎながら進んでいけるのである。

そうした未来をめざしたとき、ふと不安に思うことがある。小学生が中学校に進学していくときのことを例にとって考えてみよう。子どもにとって、新しい中学校生活は、未知の世界である。楽しみでもあり、また不安でもある。都筑（二〇〇一）によれば、小学六年生が中学校生活で楽しみにしているのは、部活や勉強（英語や美術などの新しい科目）、新しい友だちとの出会いだった。逆に、不安に感じているのは、勉強（難しくなるなど）やいじめ、先輩や友だちとの関係だった。このように、小学生は未来の中学校生活に対して、期待と不安を持っているのである。

図8は、中学校生活への期待と不安の感情と中学校生活での意識との関連について、同一の子どもを追跡した縦断調査で検討した結果である。基準となるのは、小学六年生における中学校生活への期待と不安である。それぞれを「あり」と「なし」の二つに分

図8　中学校生活への期待・不安の感情と中学校生活での意識の関連

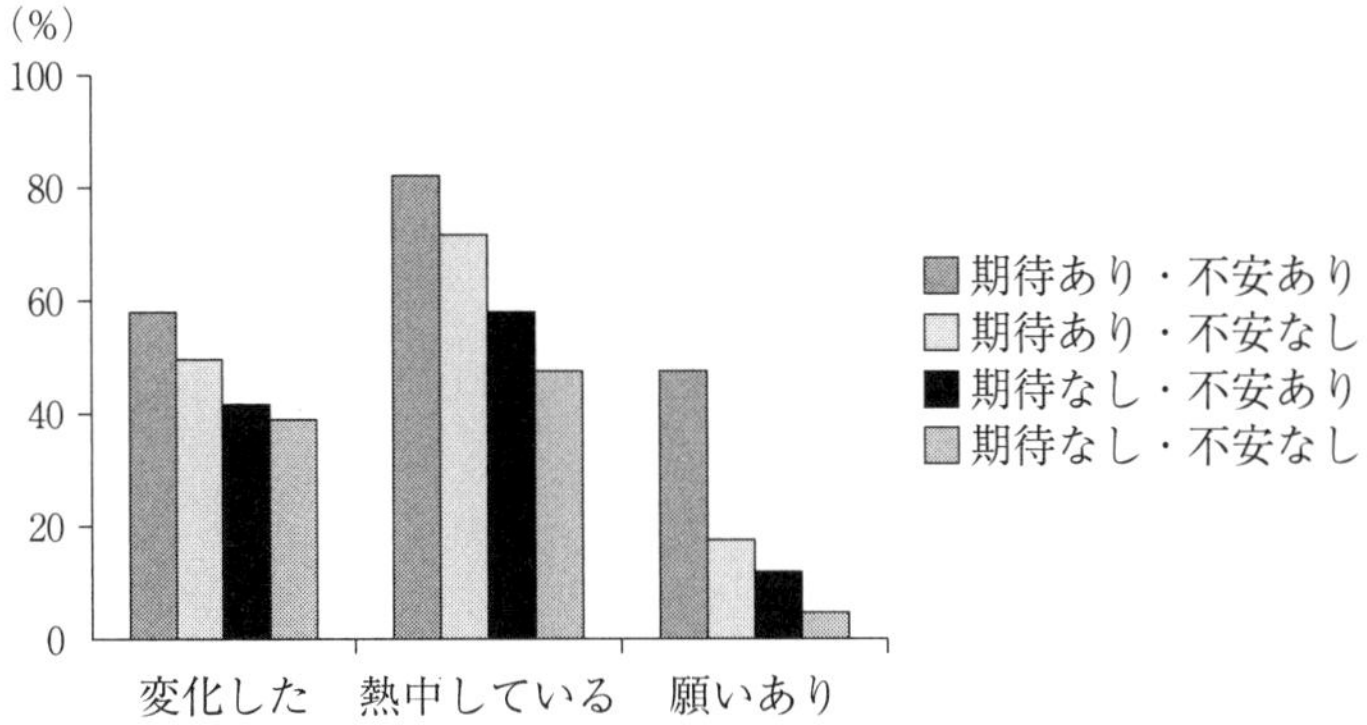

出所）都筑（2001）

け、さらに二×二の四群に分類した。そして、中学一年生の二学期において、①小学生のときから変化したか、②いま熱中していることがあるか、③これからの中学校生活でやりたいと願っていることがあるか、の回答を比較した。

その結果、期待と不安の両方を持っている群が、変化・熱中・願いのいずれにおいても最も得点が高かった。このことは、不安にはポジティブな意味も含まれていることを示している。期待の裏側に存在する不安は、子どもの活動や意欲を支える役割を果たしているのである。

未来は、私たちに新しい世界と選択可能性を提供する。だが、その全てを選択できるわけではない。何か一つを選べば、他の選択肢を捨てなければならない。自らの選択が、よかったと思えることもある。反対に、選択の結果を悔やむこともある。失敗だったと思うこともあるだろう。
人生には失敗がつきものである。全ての選択が成功の連続ということなどはあり得ない。大なり小なり失敗をしながら、私たちは未来に向かっていく。アメリカの自動車王のヘンリー・フォードは、次のような言葉を残している。未来というものに対する向き合い方を指し示すものだといえるだろう。

失敗を恐れた瞬間から、あなたの中のパワーがなくなってしまうのです。でも、失敗こそがあなたを成功に導くチャンスなのですから、失敗を恐れることも恥じる必要もないのです。むしろ恥じるべきは、失敗を恐れる心なのです。

都筑学、二〇〇一年「小学校から中学校への進学にともなう子どもの意識変化に関する短期縦断的研究」『心理科学』二二巻二号、四一～五四頁

2-2 誰かにあこがれる

「お父さんが大好き」「お母さんが大好き」。このような幼い子どもの発言は、親たちの頬《ほお》を思わず緩ませる。子どもとの結びつきを実感させられる一言だ。幼い子どもにとって、親は特別の意味を持つ存在である。いつも自分と一緒にいて、遊んでくれる。自分にはできないことでも、いとも簡単にやってのける。そのような親をすぐそばで見ながら、子どもは成長していく。子どもにとって親という存在は、あこがれの対象なのだ。

子どもの生活世界の中には、多くの大人が存在している。親や祖父母、親戚や近所の人々、学校の先生など。その中で、父親や母親は、子どもにとって最も身近で、最も重要な大人である。子どもは、親にあこがれる。こんなふうになりたい、と思うのである。子どもが発する「大好き」という言葉には、そうした気持ちが含まれているのだ。子どもの周囲にいる多くの大人たちの中でも、親というのは最も重要な大人なのである。

子どもと親との関係は、子どもが成長するにしたがって変化する。年齢とともに、子どもの世界は広がっていく。それと同時に、親という存在は、その他の大人と同じような位置になっていく。身近で特別な大人から、多くの大人と変わらない存在になっていくのである。

子どもは、自分の周囲にいるさまざまな大人をあこがれの対象とする。その大人をめざし、そんなふうに自分もなりたいと思う。最初は身近な親にあこがれる子どもも、次第にあこがれの対象を変えていく。

あこがれとは、未来に向けて自分を突き動かしていく原動力である。誰かにあこがれることは、子どもの発達にとって大変重要な意味がある。未来の自分の姿を思い浮かべて、そこをめざそうとするからだ。

子どもがあこがれる対象は、人生のロールモデルとなる。その人が、生きてきた道筋を自分も歩んでいきたいと思うのだ。そうしたあこがれの人と子どもとの距離は、遠く離れているかもしれない。実際に到達するのは、きわめて難しいかもしれない。それでも、あこがれの人を思い浮かべ、その人に少しでも近づきたいと努力する。そうした思いを持つことが、子どもを未来へと向かわせる力となるのだ。誰かにあこがれるということは、子どもの生きる力となるのである。

希望という感情も、あこがれに似ている。希望を持つということは、未来に期待することだ。それが実現できるかどうかはわからない。この世の中では、実現しない希望の方が多いかもしれない。希望とは、「希《まれ》にしか叶わない望《のぞ》みである」と読むこともできる。それでも、希望を持つことは重要だ。未来に向って進む原動力になるからだ。

私も、小学生の頃に、希望を持っていた。ある時、小学校の卒業文集の中に、自分が書いた「ぼくの希望」と題する文章を見つけた。自分自身が、そういう希望を持っていたことさえ、全く忘れていた。私は、その希望とは異なる人生を歩んできた。希望は、結局は実現できなかった。だが、希望を持っていたことの意義は大きいといえる。現在から未来へと、子どもの自立の歩みを支えていくからだ。

ぼくの希望　小学六年　都筑学

ぼくは大学へ行って医学をならって、多くの人を助けたいと思います。五年生の時までは、プロ野球の選手になってゴッソリお金をもらい、家を建てて、親のない子供をひきとってあげようと思いました。けれども、その人たちだけでなく全世界の人を助けるお医者さんになろうと、国語のパスツールを読んだとき思いました。少しよくばりだけど、できたら博士のおめんじょうをもらいたいと思います。

2-3 自己を見つめる

人間の赤ちゃんは、生まれる以前、母体の中で母親と一体化している。誕生後、赤ちゃんは母親とは身体的に分離する。だが、心理的にはまだ未分化である。大人に保護され、社会的に養育されることを通じて、次第に自己は育っていく。一般に、生後一年経って、人間的な特徴である直立二足歩行、言葉、道具の使用を獲得する。その後も、大人とのさまざまなかかわりを通じて、子どもの自己は成長していくのである。

自己とは、他者とは異なる、いまここにいる存在である。いまという時間は、過去から続く自己の経験の積み重ねの上に成り立っている。それは、昨日、先月、昨年というように遡《さかのぼ》っていける時間である。自己の経験は、唯一無二のものであり、他者の経験と交換することはできない。自己はかけがえのない個性なのである。

自分の目で、他者の姿を見るのはやさしい。自己とは異なる他者を対象として見ることになるからだ。他方で、子どもにとって、自己を知ることは難しい。それには二つの理由がある。一つは、自分の身体やその動きの全てを自分の目で見ることができないからだ。もう一つは、見る自分と見られる対象としての自分に、自己を二重化することが求められるからだ。

「あなたは、何が得意ですか?」と問われたとしよう。「何が得意だろうか」と、あなたは考える。その時、考えている「あなた」と、得意なことをしている「あなた」がいる。そこには、主体と対象の二つの自己が、同時に存在しているのだ。得意なものは、スポーツかもしれない。勉強かもしれない。友だちと仲良く遊べることかもしれない。不得意なもの、苦手なものが、対になって思い浮かんでくることもあるだろう。そうやって対象としての自己を見つめることは、自己を知るいい機会になるのだ。

小学三~四年生頃を境に、自分を見つめる目は急激に発達する。J・ピアジェの発達段階論によれば、具体的操作期(小学生)から抽象的操作期(中学生以降)へと変化する途中の時期にあたる。具体的な認識から抽象的な認識へ変化する。不完全で部分的だった認識が、整合的で論理的な認識へと変化していくのだ。そのことが、自分で自分を見るメタ認知の発達を促すのである。

メタ認知のメタとは、「高次の」という意味である。高次の認知とは、認知の認知ということである。何かを認識しようとしている自分に関して、自分が持っている認識。

それが、メタ認知である。抽象的で論理的な認識が可能になれば、高度なメタ認知ができるようになる。

メタ認知が発達したからといって、自分のことがよくわかるようになるわけではない。いろいろな考えが思い浮かんできて、かえって混乱することがあるかもしれない。子どもにとって、自己を知るというのは、難しいことなのである。

自己を知るために、内省することは大切だ。自分の心の動きに気づくことは、自己を知る手がかりになることがある。だが、自らの内面を問い続けても、自己を知ることはできない。玉ねぎの皮を剝《む》いていくようなものだ。玉ねぎとは何か知りたくて、皮を一枚ずつ剝いていく。最後まで剝いたとしても、手の中には何も残らない。あるのは、玉ねぎの皮の山だけである。自己を映す鏡は、内側にはない。

自己を映し出すのは他者である。自己と他者を比較することが、自己を知る手がかりとなる。優《まさ》っているところもあるだろう。劣っているところもあるだろう。他者は、自己について知るときの物差しになるのだ。優越感や劣等感、肯定感や不満感。そうしたさまざまな感情を抱きながら、子どもは周囲にいる友だちや大人と活動する。そうした経験を通して、自己を見つめ、自己を知っていく。このように他者とかかわりながら、子どもは自立の道を歩いていくのである。

2-4　未来にかける

「人生、山あり谷あり」。人生には、楽しいこともあれば、苦しいこともある。楽しいことばかりでもないし、苦しいことばかりでもない。「人生、楽あれば苦あり」、良いことも、悪いこともあるから、未来に向かえるのかもしれない。

子どもにとっては、生きてきた過去よりも、これから先の人生の方が長い。未来はずっと先まで続いているように思えるのだ。その未来に向かって、どのように歩いていけばよいのか。その歩みは、旅にたとえることもできるだろう。一口に旅といっても、いろいろな旅がある。一人旅、友だちとの旅、家族旅行。行先も、さまざまだ。国内旅行に、海外旅行。日帰りの旅もあれば、長期の旅もある。美しい景色を眺め、美味しい料理を味わい、たくさんの人に出会う。旅の楽しみが多様なように、人生の過ごし方も多様である。

旅に終わりがあるように、人生もいつかは幕を閉じる。それがいつのことなのかは、誰にもわからない。いつ終わるのかわからないから、私たちは未来にかけて生きていけるのかもしれない。

それでは、未来とはいったいどういうものなのか。フランスの心理学者ギヨーは、『時間の観念の発生』（邦訳書なし）という本の中で、次のように述べている。

未来とは、待っていれば向こうから自然とやって来るものではない。自らが能動的に望み、手を伸ばし、創りだしていくものである。未来は私たちが歩いていく向こうに開かれていく。

私たちが、能動的・主体的につくりだしていくもの。それが未来なのだ。未来にかけるという意思や意欲が、新しい地平を切り開いていくのである。ところが、その未来は、確実なものではない。見えない部分がある。ぼんやりとしていて、はっきりとはわからない。それが未来というものなのだ。その一方で、そうした未来に何かをかけて生きようとする。それが、私たちの人生というものなのだ。

未来にかけるとは、自分が歩いていく道を選ぶことである。誰も歩いたことのない道は、道なき道といえるかもしれない。自分が進んでいく先に、何が待ち受けているのか、それさえもわからない。そうした現実に直面することもあるのだ。

私たちは、人生において数多くの地点で、選択するという行為を求められる。子どもにとって、それは学校や職業の選択である。それらは、大変重要な人生における選択であり、その後の生き方を左右することもある。そうした局面では、一つを選べば、他の選択肢を捨てることになる。何かを捨てなければ、何かを選ぶことができないのだ。選ぶことは捨てること。子どもは、そうした現実に直面することになる。

そうした分岐点が、人生には多数ある。一度選択したならば、元に戻ってやり直せない。そのような選択を迫られながら、私たちは人生を歩んでいくのだ。私たちは、選ぶことと捨てることを同時にやりながら、未来に向かって進んでいくのである。

未来にかけるとは、何が出るかわからないものに賭けることではない。サイコロを振って、道を選ぶことでもない。自分が生きているいまの社会の状況を見きわめながら、自分の興味や関心にもとづいて、少しずつ進むことだ。

その道は決して、ひとりで進むというものではない。かけがえのない重要な他者に支えられ、共に歩んでいくことによって、拓けていく道なのである。

Guyau, M., 1902, "La genèse de l'idée de temps", Paris: Alcan, p.33

2－5　主権者として生きる

子どもは、一人ひとりが他の誰とも代替えすることのできない存在である。他者とは異なり、一つのまとまりとして存在する個性である。存在すること自体が価値を有する人格として、子どもは大人の目の前にいる。その子どもは、固有の権利を持っている。そのことは、「児童の権利に関する条約（子どもの権利条約）」に記されている。

子どもの権利条約は、一九八九年の第四四回国連総会において採択され、一九九〇年に発効した。日本は、一九九四年に批准した。第一二条一項は、子どもの意見表明権について、次のように規定している。以下、児童とは、一八歳未満の全ての者を指している。

一　締約国は、自己の意見を形成する能力のある児童がその児童に影響を及ぼすすべての事項について自由に自己の意見を表明する権利を確保する。この場合において、児童の意見は、その児童の年齢及び成熟度に従って相応に考慮されるものとする。

さらに続けて、子どもの権利条約は、第一三条（表現の自由についての権利）、第一四条（思想、良心及び宗教の自由についての権利）、第一五条（結社の自由及び平和的な集会の自由についての権利）について述べている。

これらは、以下に示した、日本国憲法第一三条（個人の尊重）と第一四条（法の下の平等）と通底する精神である。

第一三条　すべて国民は、個人として尊重される。生命、自由及び幸福追求に対する国民の権利については、公共の福祉に反しない限り、立法その他の国政の上で、最大の尊重を必要とする。

第一四条　すべて国民は、法の下に平等であって、人種、信条、性別、社会的身分又は門地により、政治的、経済的又は社会的関係において、差別されない。

歴史的に見れば、わが国において、子どもの意見が考慮されなかった時代があった。第二次世界大戦前の大日本帝国憲法の下でのことである。家父長制の時代には、長子

（長男）が家を継ぐことが当たり前だった。次男、三男は家を出ていくしかなかった。結婚に関しても、家同士の関係が重視された。親の決めた縁談によって結婚するということも、少なくなかった。自分の進路や生き方を自分で決定できないような時代だったのである。親の意見に従って生きていくことが求められていたのだ。

戦後、日本国憲法の下で、国民は主権者としての権利を有することになった。普通選挙権と女性参政権が実現され、二〇歳以上の国民が選挙権を持った。そして、二〇一五年に公布、二〇一六年に施行された一八歳選挙権を実現する改正公職選挙法は、一八歳の子どもに選挙権を認めるものだった。日本での成年年齢は民法で定められている。民法改正により、二〇二二年四月一日から、成年年齢が二〇歳から一八歳に変わる。

何よりも重要なのは、子ども自らが意見を表明し、主張していくことだ。そうした不断の行為の積み重ねによって、子どもの権利が実質化していくのである。時の公権力は、「自助、共助、公助」と訴える。それに対して、権利の正当性を訴えていくことは、何何よりも大切である。私たちの暮らしと健康を守る義務は、国家の側にあるのだから。公助があってこその、共助であり、自助なのである。

大人に求められるのは、子どもの声に耳を傾け、真剣に聞き取ることだ。そうした責任ある応答が、権利の行使者として子どもが成長するのを支えるのである。子どもの自立とは、子どもを見守る大人の自立でもあるのだ。

第3章のまとめ

本章では、他者とともに歩んでいく子どもの自立について述べてきた。私たちは、人間社会の中で暮らし、生きていく。そこには、さまざまな人々との関係性が存在している。子どもにとって重要なのは、身近にいて自分を育ててくれる親の存在である。その庇護《ひご》と養育によって、子どもは次第に成長していく。その中で、多くの人と出会い、影響を受け、また、影響を与えていく。

人間が立った姿を表した「人」という漢字。それが意味するのは、一人で立つということである。だが、自立は一人だけで進んでいくプロセスではない。重要な他者に囲まれて、ともに歩んでいくことが自立なのだ。

人生には、さまざまなことが起きる。自分だけでは対処できないような事態が起きるかもしれない。そんなときに、誰かに依存することは決して悪くはない。助け合い、声を掛け合いながら自立の道を歩んでいく。そんなふうに考えれば、歩いていくことも楽しくなってくる。

その先にあるのは、主権者として、自分の人生を主体的に生きていく子どもの姿である。日本という国に生まれた私たちは、日本国憲法で定められた権利を有している。権利の主体として生きていくことが、私たち一人ひとりが持っている可能性を広げていく。子どもと親、教師や地域の人々が、手を取り合って進んでいく自立への道。その道は、子どもの目の前に大きく広がっている。

おわりに

「able」。これは二〇年前に都内の小さな映画館で観たドキュメンタリー映画のタイトルである。主人公は、一九歳の高橋元と一七歳の渡辺淳。ゲン（元）はダウン症、ジュン（淳）は自閉症スペクトラムである。この映画は、二人がアメリカのアリゾナ州にホームステイをした三カ月間のできごとを中心にしている。

ゲンは、職業訓練センターで仕事のトレーニングに励む。ジュンは、地元の高校の特別教育クラスに入って学ぶ。同時に、二人はホームステイ先のファミリーの勧めで、スペシャルオリンピックスのバスケットの試合に備えて練習を重ねていった。英語を話すこともできない二人。彼らが、どのようにして少しずつ変わっていったのか。映画はその様子を紹介していく。

ableという英単語には、「……ができる」「有能な」という意味がある。その反対は、disableである。ゲンもジュンもそれぞれ機能障害を持っている。ableよりもdisableの方が目立つ。障害の個人モデルでは、その機能障害を個人特性ととらえる。そうした個人特性から「できない」ことが生じると考えるのである。

他方で、障害の社会モデルは、全く異なった見方をする。ゲンやジュンの持っている機能障害が、社会的障壁と組み合わさることで、障害というものが社会的に生み出されるととらえるのだ。社会的障壁には、環境や制度、慣行や観念など多様なものが含まれる。そうした社会的障壁が強固であれば、障害が生み出される。障害者とは、「継続的に日常生活又は社会生活に相当な制限を受ける状態にあるもの」（障害者基本法第二条）である。そうした社会的障壁を取り除いていくことが、障害を緩和する手立てとなる。

映画「able」は、社会的障壁のない生活を送ったゲンとジュンが、可能性（able）を花開かせた様子を映しだしている。ゲンやジュンの周囲にいる人々は、決して予断や先入観で二人を見たりしない。障害（disability）を持つ二人を、できないことを含めて丸ごと受け入れようとしている。そこには、社会的障壁は見あたらない。

ゲンやジュンは、周囲の人に頼り、支えられて生活を送る。知らない土地で、知らない人たちと暮らしていくには、そうするしかないからでもある。そうやって多くの人に支えられることで、結果的にゲンとジュンは、自分の世界を広げていくのである。

この映画は、ある意味で、自立の物語といってもよいかもしれない。障害の個人モデルと、社会モデルの枠組みは、自立について考える時に重要な示唆を与えてくれる。

自立の個人モデルでは、できないことの克服が求められる。それは、できない状態からできる状態へと変わっていくことだ。個人が独力でできるようになっていくことが、自立としてとらえられる。昨日より今日、今日より明日という具合に、できることを積み上げていく。他者に頼ったり、依存したりすることは、自立とは相いれないと考えられてしまう。一人でやり遂げていくことが自立なのだと、考えられているからだ。

他方で、社会モデルとしての自立は、自立と依存を対立的にはとらえない。何かを一人でできるようになることはよいことだ。ただし、それを強調しすぎると、できない自分が嫌になってくる。ダメな存在だと思ってしまったりもする。できないときには、誰かに頼ってみる。そうすると、いとも簡単にできるようになるかもしれない。そんなふうに考えてみることも、時には大事なことなのだと思う。

誰かを頼りにすることができるのは、自己が他者とつながっているからだ。他者との関係が全くなくて、孤独な状態であれば、そもそも他者に頼ることさえできない。他者に頼り、その力を借りることは、自立への早道なのだ。子どもは、幼い頃から、周囲の大人を頼りにして生きていく。そうした依存がなければ、子どもの自立は成り立たない。このように、社会モデルで自立をとらえていくことが重要なのである。

誰かに頼るということは、逆から見ると、誰かから頼られるということである。相手は、私に身を預けてくる。その相手に対して、しっかりと応答していく。そうしたことが求められるのである。

自立の社会モデルは、自己と他者との関係性にもとづいて、自立をとらえていく。私とあなたの関係で考えてみよう。私はあなたに依存することもある。その逆に、あなたが私に依存することもある。互いに応答的な関係にあるときに、自立と依存は二律背反ではない。私とあなたの互いの自立が、絡み合って進んでいくのだ。私の自立はあなたの自立であり、あなたの自立は私の自立なのである。

自己と他者の両方がかかわりあいながら、相互の自立は成し遂げられていく。相手への信頼が、自分への信頼となる。互いに責任と応答を果たすことが、何よりも求められてくる。そうしてつくり上げられた関係性のもとで、自立は可能になっていくのである。

現代社会において喧伝《けんでん》される「自己責任」は、個人の内部に全てを閉じ込める思想である。自立の個人モデルだ。強い自己や勝者としての自己が、他者の権利を奪い、他者の生き方を抑圧する。ダメな自分をつくり出した原因を、当の本人の責任に押し付ける。そうした誤った「論理」がまかり通っている。一パーセントの勝者が、残りの九九パーセントを支配するような社会が、豊かな社会であるはずがない。

いま求められるのは、自立の社会モデルである。全ての子どもが豊かで健やかに生きていける社会をつくることである。子どもの権利を尊重し、子どもの声を大切にすることが重要である。そうした大人の姿勢が、子どもの自立を支えることになるのだ。

「一人はみんなのために。みんなは一人のために」。このスローガンの意味をあらためて考えてみる必要があるだろう。私たちは、いま地球という星の中で暮らしている。その地球の持続可能性は、私たち一人ひとりの生き方にかかっている。個人の意見表明が集まったときに、現状を変える力となるのだ。

子どもの自立を願う大人は、自分自身が自立的な存在であるかを問われている。個々の人間は、不十分さや欠点を持っている。そのこと自体は、問題ではない。不十分さや欠点は、互いに補い合い、助け合っていけばよいのである。時には、他者に頼って生きていけばよいのだ。公的な福祉制度やセーフティネットに頼るのも、その中に含まれている。

そうやって、大人が知恵を出し合い、協力しながら生きていく姿は、子どもの自立を支える力になるだろう。「困ったときはお互いさま」。そうやって生きていくのは、自立の妨げにはならない。むしろ、そういう協力・協同こそが、本来の自立の姿なのだ。

さまざまな問題が山積している現代社会。そこで生きる私たちには、さまざまな課題が突き付けられている。自己の権利と他者の権利を尊重すること。互いに意見を表明し、その意見を傾聴すること。いま私たちが享受している権利が、歴史の展開の中で獲得されてきたこと。そうした権利を剝奪《はくだつ》されて生きていかなければならない子どもや大人がいること。これらのことを正確に認識することが、子どもの自立を考える上では何よりも大切である。

私たちは一回限りの人生を生きている。子どもたちに、この地球の未来を託したい。それには、彼らにこたえ、支え、励まし、ともに歩んでいくことが求められる。それが大人に課せられた重要な使命なのである。

＊＊＊

現在、新型コロナウィルス感染症（ＣＯＶＩＤ‐19）が、世界的な規模で広がっている。多くの方が亡くなり、命や暮らしが脅かされている人も大勢いる。コロナ禍が続く中で、経済的に困窮する人が増え、社会的格差も拡大している。このような状況のもとで、何よりも大事なものは公助である。日本国憲法に謳《うた》われている国民の諸権利を守り、豊かな生活を保障することが、人々の自立を支える基盤となるのである。

コロナ禍は、人間関係のあり方にも大きな影響を及ぼしている。三密回避、ソーシャル・ディスタンス、オンライン授業、リモートワークが、その典型である。他者との関係が次第に疎遠になり、個々人が互いに切り離されようとしている。そうであるからこそ、人と人とのかかわりの新しい形を創り出していくことが求められている。他の誰かの問題は、自分の問題でもあり、また社会の問題でもある。人と人とが互いに結びつき、連帯していくことで、直面している共通の問題に立ち向かっていくことができる。こう考えてみると、コロナ禍は、人間の自立のポジティブな契機にもなり得ると考えられる。今後は、それを具体的なものにしていくことが課題であるといえる。

本書をまとめるにあたって、新日本出版社編集部の角田真己さんには、貴重なアドバイスをいただくなど大変お世話になりました。執筆の過程は、本書で論じている「自立と依存」の関係を自分事として体験する機会でもありました。ここに記して、心から感謝いたします。

二〇二一年六月

都筑　学

都筑学（つづき・まなぶ）
中央大学文学部教授。教育心理学を専攻。1951年東京都出身。東京教育大学教育学部卒業。同大学教育学研究科修士課程修了。筑波大学心理学研究科博士課程単位取得退学。博士（教育学）。
主な研究テーマは、時間的展望の発達、進路選択と時間的展望の関係、ライフコースと人間発達、写真投影法による人間理解など。
『他者を支援する人はいかにして成長するのか』（編著、ナカニシヤ出版、2021年）、『小中一貫で学校が消える　子どもの発達が危ない』（共著、新日本出版社、2016年）、『大学1年生のための伝わるレポートの書き方』（単著、有斐閣、2016年）、『高校生の進路選択と時間的展望　縦断的調査にもとづく検討』（単著、ナカニシヤ出版、2014年）、『発達心理学Ⅱ』（共著、東京大学出版会、2013年）、『今を生きる若者の人間的成長』（単著、中央大学出版部、2011年）、『働くことの心理学　若者の自分さがしといらだち』（編著、ミネルヴァ書房、2008年）など著作多数。

自立《じりつ》って何《なん》だろう——社会《しやかい》と子《こ》どもたち

2021年7月30日　初　版

著　者　都　筑　学
発行者　田　所　稔

郵便番号　151-0051　東京都渋谷区千駄ヶ谷4-25-6
発行所　株式会社　新日本出版社
電話　03（3423）8402（営業）
03（3423）9323（編集）
info@shinnihon-net.co.jp
www.shinnihon-net.co.jp
振替番号　00130-0-13681
印刷　亨有堂印刷所　　製本　小泉製本

落丁・乱丁がありましたらおとりかえいたします。

JASRAC　出　2104977-101
ISBN978-4-406-06604-4 C0037　Printed in Japan